U0030504

用故事點亮生命，用生命照亮世界的十道光芒

初 衷

ORIGINAL INTENTION

卓天仁 編著

ONE BOOK TEN LIFE 10

回首初心，看見力量，綻放光芒

ONE BOOK TEN LIFE 系列書籍，從第一本《翻轉人生的十個態度》、《鼓舞人心的十個勇氣》、《面對生命的十個感動》、《卓越人生的十個感動》、《改變的力量》、《找到你生命的答案》、《重生效應》、《創造力就是你的競爭力》、《突破的奧秘》到第十本《初衷》，集結了來自世界各地、不同領域、不同專業、不分年紀、不分性別的一百位共同作者。他們透過親身經歷和故事，將正能量和善的種子散播到世界各地。

連結你我，激發共鳴

ONE 系列書籍不僅連結了讀者與作者之間的關係，也讓作者與作者之間透過書籍達到「以書會友」的境界，系列書籍在全球累積總銷量超過數萬冊，並持續在各個不同的市場上熱銷，連結影響更多的人，讓更多的生命有所不同。

用故事感動生命，用生命影響生命

身為統籌及出品人，我很高興能一路將更多作者精彩的人生故事呈現在更多人的眼中。我相信，這些故事能透過生命去感動生命，藉由故事去影響及鼓勵更多的人。

第十本《初衷 ORIGINAL INTENTION》：回歸本心，找到力量

第十本《初衷》的作者群，在各自的人生經歷和專業領域上，承襲了 ONE 系列的核心精神「讓華人在世界發光」。他們用自己生命的故事，透過書籍的力量，讓更多人的生命得到改變和啟發。

在書中，作者們分享了他們在人生道路上如何回歸初心、找到力量的故事。這些故事展現了不同的人生樣貌，也提供了不同的思考角度。我相信，這些故事能給予讀者在不同階段、不同困境中，帶來不同的轉變和啟發。

ONE BOOK TEN LIFE 系列書籍，將持續帶給讀者正能量和鼓舞人心的故事。

華人出版經紀人 卓天仁

初 ORIGINAL INTENTION 衷

目 Content 次

002 **自序**　　　　　卓天仁

台灣阿龍（陳建良）

008 **從角頭到公益楷模：
台灣阿龍的逆轉成功學**

李杰穎

028 **台積電菁英找到以長照；
回饋社會的創業初心**

陳秀靈（Jodie Tan）

048　在逆境中成長到讓知識
　　　改變命運的知識共享者

拿督潘艷虹（Datuk Ada Poon）

070　用旅遊改變世界，
　　　讓社會更加美好及富足的女性典範

篠安

084　「星盤」雖有定調軌道，
　　　仍逆風前行活出自我的光芒

目 Content 次

廖建明（David Liew）

112 用生命譜寫沉香之歌，
相信就能看見平凡中的偉大

劉詠昕

132 改變命運；從知命開始，
成為自己命運的掌舵者

鍾宏奇

154 體會生命起落，安於平凡
更能不平凡的法拍屋狂人

鍾志偉（Memphes Chong）

莫忘初衷，用房地產
推動改變的房產造夢者

176

蘭妍欣（麻辣丫頭）

我的麻辣人生：從四川小姑娘
到麻辣滷味女王

192

從角頭到公益楷模：
台灣阿龍的逆轉成功學

台灣阿龍
（陳建良）

✦ 關 於 陳 建 良 ✦

學　　歷　二〇二二年，畢業於國立臺北大學企業管理系

現　　職　健康沛生物科技股份有限公司總經理
　　　　　　圓洲商務平台股份有限公司總經理
　　　　　　社團法人台灣阿龍公益愛心慈善協會理事長
　　　　　　「台灣阿龍是在哈嘍」頻道主持人
　　　　　　「龍周監察院」Podcast 節目主持人
　　　　　　「唬嚨會客室」Podcast 節目主持人

經　　歷　角頭兄弟、更生人、企業家、監獄講師、慈善家、
　　　　　　世界華人傑出公益楷模

座 右 銘　**坐而言不如起而行、給自己人生一個哇賽！**

個 人 網 站　https://www.facebook.com/twalongsayhello

將當角頭的魄力，
化爲影響社會、推動公益的動力

「大家好，我是台灣阿龍，歡迎來到阿龍腳頭故事，今天要跟大家分享的是，看守所的舍房篇⋯⋯」，這是我的節目頻道「台灣阿龍是在哈嘍」其中一集的開場白。

我是阿龍，從沒想過會做自媒體，曾經也是個叱吒地方的角頭。被判刑入獄後，刑期從三年六個月，突然被求刑十九年六個月，為了幫自己平反，我在獄中研讀大量的法律書籍，自己撰寫答辯狀上訴，最終將刑期減到了八年八個月，同時也透過良好的表現，在服刑五年後假釋出獄。

我一直相信自己是個幸運的人，年紀輕輕就因為得到一些資源與利益，而享受過榮華富貴，但也因為一念之差，走錯了路而入獄服刑。在服刑期間我深切反省，不但為自己洗刷莫須有的罪名，也在出獄後勇於面對進而重新出發。

不少人問我：「你叫建良，那台灣阿龍的暱稱是怎麼來的？」其實是前幾年在拍攝節目時，廠商說要取個親切一點，又能接

地氣的名字,「良的台語跟龍同音,你就叫台灣阿龍吧!」於是,台灣阿龍就這樣誕生了。

　　我是台灣阿龍,現在是健康沛生物科技公司的總經理,同時也經營「台灣阿龍是在哈嘍」的 FB 粉專、與 YT 及 IG、TikTok 等頻道,也開創了「龍周監察院」、「唬嚨會客室」Podcast,更創立了「社團法人台灣阿龍公益愛心慈善協會」。透過電商銷售,將營收的百分之十用來做公益,並透過自媒體的影片與發文,與粉絲分享一路走來的心路歷程,以及曾經身為收容人與更生人的體悟,期盼在分享的同時,宣導正確的人生觀,透過插科打諢及輕鬆愉快的方式,為社會帶來正能量。

爲防身練起跆拳道,卻開始跟同學打架

　　不少人都還記得「孟母三遷」的故事,據說孟母一開始住在墳墓邊,小小的孟子就跟著學做喪禮,孟母見狀,趕緊搬家,這次搬到市場邊,看到豬肉商殺豬以及攤販的叫賣,孟子也跟著學殺豬與叫賣,還問媽媽「為什麼那個叔叔要殺豬?」孟母發現住這邊也不好,就搬到學校附近,孟子看到大家都在讀書,

初 ORIGINAL INTENTION 衷

也跟著讀書，這才成長為一代大儒。

　　小時候，我們家是做野台戲的，就是現在很多地方都還有的蚊子電影院，電影膠捲放在一個大型的放映機裡，投影到大螢幕上，經常配合地方上的廟會或節慶晚會放電影。每天放學後，我常跟著爸媽外出工作，從小看到各種形形色色的人，但因為有他們帶在身邊，從小我就是個乖巧的孩子。只是，住在當時流氓多、賭博多、吸毒販毒者多，再加上八大行業林立的蘆洲，成長的環境中，很容易被竹雞仔（台語，小流氓之意）欺負，也就是現在所謂的「霸凌」。

　　於是我央求老爸讓我去學跆拳道，初衷是為了防身，但學了跆拳道的我，進入青春期之後，暴戾之氣就顯現出來了。仗著自己會一招半式，遇到要好的同學被欺負時，就會想要幫忙出頭，明明沒有我的事，這一出頭，我就「公親變事主」，也隨著發生次數越來越多，自然成為學校的頭痛人物，父母親經常因為我跟同學打架，而被通知到學校跟人家道歉賠不是。

　　然而，國中的我就像隻鬥雞一樣，仗著自己會跆拳道，到處跟人家拼輸贏，學業成績當然也就荒廢了。國中畢業後也沒

有考到一般的升學高中，而進入了協和工商的汽修科。上了高中以後，我仍然繼續苦練跆拳道，持續的精進晉級，終於獲選參加奧運國手選拔賽，本想著循著夢想道路前進，希望有朝一日，可以在運動場上有一番成就。

但，我卻選擇了另外一條路！

當起酒店少爺，好賺到捨不得休假

高中時期，交了女朋友，整個人戀愛腦，只想著跟她一生一世。高中畢業，我就申請提早入伍服役，服役時還曾經當過國家元首的憲兵隨扈，在部隊時更是一名彪悍的教育班長。當時人還在軍中，我就準備要當爸爸了。退伍後，馬上扛起家庭的重擔，一個人身兼兩三份工作，才勉強能養家餬口。

後來，朋友找我去台北林森北路當「少爺」，我問朋友「這是合法的吧？」對方說當然合法，於是我就去了。少爺其實就是酒店裡的服務生，雖然沒有底薪，但每個晚上賺到的小費，少則五千元，多則一晚超過一萬塊，每個月至少賺二、三十萬，

薪水跟當時外商公司的總經理有得比，好賺到我都捨不得休假。

然而少爺不是只當服務生而已，酒店裡如果有客人酒後鬧事，大家還得要站出來充當圍事，為公司出「一份力」。其實這是個充滿危險性的工作，但兩三百萬的年薪，讓初入社會的我，馬上嚐到甜頭，讓老婆小孩的生活過得有滋有味，年紀輕輕就買車買房，對於同年紀的人來說，我可是個成功人士，整個人陶陶然，企圖心也就越來越大了。

少爺當了幾年，有了資金後，就跟著別人投資房地產、酒店，短短兩三年，我從服務生變成股東、從老闆的小弟，變成帶小弟的老闆！

別人三十而立，我三十而戾

開始投資八大行業之後，自然就跟地方勢力脫不了關係，「喬」事情時，常常需要人馬來壯壯氣勢，因此就必須要栽培小弟在身邊。在一些場合中，還得適時展現你的「軍力」，比如在廟會活動中，我帶的陣頭，後面就跟著幾百個小弟，看起

來是為神明的慶典出力，更重要的是讓其他人知道我的勢力現在有多大。

以前在蘆洲，光是一條街上可能就有幾百家特種行業，如果一家店一個月收一萬元規費，整條街收下來的金額是非常龐大的。為了養眾多小弟，除了自己投資的收益外，還時不時得到八大店家去走動、逞逞威風，常常飯吃到一半，不管桌上的熱湯，一有不順我意時，一手就把桌子給掀了。

為了維持勢力，自然就會要購買槍砲，用來威嚇店家。隨便開個槍，把人家的店打上幾個洞，或者在晚上大家要做生意前，都會在門口燒金紙，我就沿途走過去，一個個把金爐踢翻、砸破。想像一下以前港片或台灣電影裡，黑道魚肉鄉民的畫面，那就是二十年前的我！大家可能會疑惑，店家難道不會報警處理嗎？他們為了減少損失，討好都來不及，怎麼會報警呢？當時沒有很多監視攝影機，也沒有社群媒體，這些惡事做再多，都不太會有事。

隨著手上的錢越來越多，心裡的「惡」就越來越明顯地表現出來。養著一大群小弟、跟著不同女人到處玩、拿著錢到處

投資，儘管開銷很大，我最多曾在雙北有過五棟房子，簡直是
不可一世，覺得自己好棒棒！殊不知，那幾年在道上幫忙處理
債務，帶著小弟上門要錢等等的行徑，早已讓我背上違反組織
犯罪、槍砲刀械管制條例等罪。

入獄後，繼續被加上新的罪名

　　道上有句話說：「兄弟認同的不見得大尾，警政署認證的才
算個咖。」兄弟拿我沒辦法，就找警察來治我，替我安上各種罪
名，於是我被冠上「蘆洲首惡」的名號，被指控圍標政府的公共
工程，最後還用組織犯罪條例來辦我。所謂組織犯罪，指的就是
「三人以上，有內部管理結構，以犯罪為宗旨或以其成員從事犯
罪活動，具有集團性、常習性及脅迫性或暴力性之組織」，講白
話一點，就是指控我透過幫派運作在從事犯罪活動。

　　然而，我還是被依違反槍砲刀械管制條例，判了三年六個
月的刑期。人被關在監獄中，仍不斷有新的罪名加諸在我身上。
檢察官主要是想辦我，就必須拿別人的口供來偵辦，但同案十
人卻有著不同的十種口供，出庭時，我也主動告訴審判長：「現

場他們都在，但都是我做的、不是他們做的！」於是要成案就
更加不容易，最終檢察官也陸續送了三次組織犯罪條例，但仍
都無法成立，而其他涉案者大部分也都有交保。

在那段複雜的審判過程中，另案不斷在身上迂迴，我的刑
期最終被求刑到十九年六個月。入獄那年，我才三十五歲，想
到服完刑期，人生都邁入中年、過了半百了⋯即便內心想著：「有
做的我會認，但沒有做的，不能就這樣平白無故讓罪名強加在
身上！」但必須承認，在得知的剎那之間，心裡的慌亂到現在
還是記憶猶新。

無論高官或平民，入獄後一律眾生平等

一般人無法了解監獄裡的景況，且想像一下，幾個男人被
關在一個狹小的空間裡，睡的地方就跟一張單人床差不多大，
還要小心不能觸碰到其他人，洗澡跟上廁所也都在同一個空
間，跟獄友之間是完全沒有隱私的，要在這麼狹窄的空間裡長
時間相處，如果獄友不好相處的話，日子就難過，幸好我遇到
的人都還不錯。

少數幾個人關一間算好的，如果遇到十到十五人一間，就更加複雜，空間裡的五味雜陳，相對也會更讓人受不了。在那個環境下，才會深刻體認到，為什麼長輩常告誡：「歹路嘸通行！」因為行差踏錯的結果，囹圄的苦滋味是無法想像的。

我記得在宜蘭監獄，有一次突然被「羈押禁見」，當時還在工場作業的我，忽然被通知要打包行李，還沒意會到發生什麼事，就被監獄的管理員帶進暗無天日的小牢房裡。在禁見房內反覆想著，到底是哪個案子又怎麼了？還是，又有什麼另案了嗎？整日囚在小牢房裡，讓我足足便秘了兩個星期，心裡的煎熬比死還難受。

在刑期的後段，我申請獲准到花蓮自強外役監，成為一個已經是看得到出獄日期的小幹部，負責安排新進獄友的日常生活及教育訓練。這些新進來的獄友，從頭到腳都要被獄方全身赤裸地檢查，生殖器跟肛門都不放過。我曾見過政商名流、法官、局長、董事長等層級的人物，犯法進了監獄，就跟一般人的待遇沒什麼兩樣。

在台灣，一般人對監獄的認識幾乎是零，媒體上也很難看

到監獄裡的畫面。只能說進去過監獄的人，大概也不怕地獄了！但我還是要提醒一句，千萬不要為了不怕地獄，而先去體驗監獄的滋味！再說一次：「歹路嘸通行！」

律師能幫的有限，為救自己寫狀紙

在入獄之前，我在外面的生活風光無限，人人看到我都要喊聲大哥，對我表現出尊敬的樣子，關進銅牆鐵壁之後，我就成了無人搭理的受刑人。此時才知道，這世上什麼都是假的，只有父母的愛是真的。我認真反省自己以前的言行及曾犯過的錯，更努力充實知識，讓自己能得到平反跟可以假釋的機會。

因為我知道我犯的錯，不至於讓我關到十九年半，但有些隨意被指謫的罪名更與我無關，當時律師也沒辦法幫我解決問題，於是我決定自力救濟。因此，媽媽來探監時，我請她到南陽街的補習街，幫我買各種法律高考的教科書，一本又一本的翻讀，查找與我判決相關的條例。想要為自己翻案，就得先弄清楚自己犯了什麼罪，為什麼會被這樣判，這樣判到底合不合理？倘若不合理，我又可以怎麼做？

19

初 ORIGINAL INTENTION 衷

在書本的幫助下，我學會了寫狀紙，不斷提起上訴，當時我關在宜蘭監獄，又常被借提到台北看守所打另案，因此我不斷地在換室友，甚至也有人知道我是誰，會想要跟我同房，短暫的相處與交談過程中，我看到各種不同的人，因為有各自的苦衷，犯下了不該犯的錯或甚至不想犯的罪，而進入監獄。

心中那個想要趕快出獄的初衷，驅使著我前進，我盡力做到最好的表現，讓獄所管理員沒話說，從地院打到高院、高院打到最高法院，甚至到再審及提出非常上訴，就是要為自己平反，最終將刑期從原先被求刑的十九年六個月，改判為八年八個月。

爲了愛我的家人，從外役監到假釋出獄

我猜很多法官們大概都認識我了，一個被判了近二十年的角頭，竟然可以憑一己之力堅持上訴再上訴，最後皇天不負苦心人，我成功地將自己的刑期縮減了一半以上。

還記得最後一次開庭，高等法院的法官在判決後，大概是

希望我不要再浪費資源繼續上訴了，竟然有點鼓勵我似地告訴我：「陳建良，你已經上訴到最高法院了，不能再上訴了，趕快數罪合併，表現良好一點，去申請外役監，還可以返家探視回去看家人。千萬記住，一年內不能有任何違規跟扣分！」外役監申請了一年，終於成功了。

我在外役監的刑期級距，每三個月可以返家探視一次，也在當時才知道爸爸得癌症生病了！回獄中報到，我更加努力表現，只為了讓自己可以盡快出獄照顧爸爸。前前後後報了三次假釋，終於獲准。二〇一五年九月二十二日，四十一歲的我終於假釋出獄。當時媽媽為了照顧病重的爸爸，日夜不休地無法好好休息，最後也中風生病。出獄後，往返蘆洲與淡水馬偕醫院之間，爸爸與媽媽分住在醫院的新舊大樓，我也在兩棟大樓間奔走。

爸爸在我出獄三個月後離世，雖然令人遺憾，但同時讓我感到欣慰的是，至少我有努力讓自己提早出獄，也能有最後三個月的時間陪伴他，讓他知道我已經改過自新。爸爸臨走之前，我承諾他會努力讓自己的生命活出新的樣貌。

初 ORIGINAL INTENTION 衷

四十四歲讀大學，真正實現四十而不惑

　　我在裡面曾讀到證嚴法師的書，裡面有句話說：「空間雖小，只要心胸是大的，再小的空間，也關不住你的心。」這句話給了我很大的啟發。她還說到：「所有的災難與痛苦，都會隨著時間而過去。」當時不知道還要等待多少時間才會過去，但在那段時間，我已經養成閱讀的習慣，透過閱讀，讓漫長的時光不那麼難熬，我的心定了，也開始學會從書中得到了知識。

　　還在宜蘭監獄時，我就報考空中大學，只是當時因為有「另案」在身，被教誨師終止。爸爸當時一直鼓勵我，要好好讀書，而在他住院時，他也曾告訴我：「若有機會去把大學讀完，將來做個有用的人。」我心想，我都四十歲了，哪有可能？他接著又說：「知識才是你最大的利器。」想起在獄中就是靠著自學法律，完成上訴，才更有機會假釋出獄。沒錯！知識就是我最大的利器。

　　假釋出獄後，我邊工作邊讀書，拿出當時研讀法律的精神來準備大學甄試，四十四歲那年，報考了國立臺北大學，報名的四個科系都錄取了，我因為當時已經開始經營企業，所以選

擇就讀企業管理系。在二〇二二年，我以前十名的成績畢業，還代表畢業生上台致詞。典禮結束後，我將這個學位放在爸爸牌位前獻給他，告訴他：「阿爸，建良聽了您的話，將大學文憑拿到了。」

我相信，此時此刻，天上的父親是驕傲的！

要有真正的覺悟，才能抵抗出獄後的誘惑

兒子高一時，老師故意在全班面前問：「你爸爸是不是被關在獄中？」逼得我兒子因羞愧而轉學，媽媽離開家、爸爸在監獄，由爺爺奶奶隔代教養的孩子，還要忍受外界異樣的眼光，在獄中知道這件事情時，我的心真的很痛。原來我以為的「一人做事一人當」，影響所及的不只是那群兄弟，還有我的父母跟孩子，當下我也對自己立誓，出獄後我要好好重新開始，彌補曾經對家人造成的缺憾，絕對不再讓他們羞愧過日子。

出獄後，因為更生人的身份，找全職工作並不容易，只能做一些簡單的，比如跟便當店包下幾百個便當，拿到優惠折扣，

初 ORIGINAL INTENTION 衷

再賣給行號、工地、展場裡的工作人員，賺取微薄的價差。為了能夠自力更生，一天兼了三份差，彷彿又回到退伍那年，為了美好的家庭未來而兼差過日。

許多朋友在為我接風時，也有問我要不要重出江湖，開出的條件都比我兼差工作多上幾十倍的收入。甚至，也曾經有位在監獄認識的大老，看過我領導統御的能力，要我去接某某會的會長，手提袋裡直接裝了三千萬現金送到我面前，我沒有答應，對方以為是不夠多，又再提了兩千萬過來。

當時只要一句話，我就可以重新回到以前那種呼風喚雨的生活，面對這種誘惑，說不心動其實是騙人的。但我知道，一旦拿了錢、接下了職務，人生又會跳回二十年前的狀態，我已經沒有時間重來了。朋友說我傻，這麼多錢怎麼不拿？我說：「一旦拿了，我就是天下最愚笨的人！」

從前虧欠父母、孩子的，我無法倒轉時間重來一次。但未來，我希望自己能夠走回正軌，不能再發生一樣的遺憾了。拒絕幾次類似的邀請、推掉輕易可得的鉅額現款，我想，即使沒錢，只要能活得踏實，我的人生就不會再踏錯了！

媽媽的棺材本，讓我重新站起來

捨不得看到我每天辛苦的兼差工作，媽媽拿出她多年的積蓄：「這是媽媽的棺材本，你拿去創業，重新開始。」我被關的時候，父母陪著我走過這段路，出獄後，媽媽又給出了棺材本讓我創業，內心百感交集，我告訴自己，只能成功不許失敗。

初期在展場認識一位老闆，合資創立了一家展覽公司，承接展場的佈置業務，二〇二〇年疫情爆發後，展覽活動開始停擺，把賺的錢又賠進去了。也在那個時候，跟大學學妹一起創立健康沛生物科技公司，透過電視、網路與電話行銷，銷售美容保養品與保健食品，同時，我也專注在大學學業。

曾有人問，如果不是因為媽媽的支助，我能有機會快速重新站起來嗎？我坦白回答，難度很高。我知道我是幸運的，但不是每個更生人都有這樣的機會，因此，從一開始，我就提撥營收的百分之十用做公益，主要的關懷對象是受刑人的家屬、或是幫助更生人，後來再拓展到育幼院、教養院、養老院等機構。

剛開始，帶著公司員工一起做，也將過程拍成影片或透過

初 ORIGINAL INTENTION 衷

圖文記錄在自媒體上，漸漸的，有越來越多人認同我的理念，進而主動來參與我們的公益活動，這其中也不乏更生人。即使來參與的夥伴，我不見得每個都認識，但在從事公益活動的過程，大家齊心合力完成同一件事，顯化出愛的光芒，照耀著所有的人，這是最令我感動的！

　　前年，我也成立了「社團法人台灣阿龍公益愛心慈善協會」，讓活動與愛心捐贈，都更有制度化的管理，幫助對象也從更生人及其家屬，擴增到社會邊緣人、獨居老人、家暴受害者、單親家庭等社會弱勢，將整個社會的善念集結，再用實際行動，讓社會溫暖愛存在、平和永續正能量。

　　我是台灣阿龍，透過堅定的信念與持續的努力，導正曾經走偏的路，翻轉活錯的人生。未來，我會不斷透過自媒體的發聲，分享自己多年的經歷，幫助更多的孩子們選擇對的路，活出屬於他們自己的璀璨人生！

台灣阿龍關於初衷的十句話

01. 劣質環境空間雖小，若心境廣大無邊，自然就不受限於此。

02. 不管好事或壞事，隨著時間的流逝，這一切都將會過去。

03. 自己不覺醒，旁人如何渡？自己若覺醒，何須旁人渡？

04. 從不努力的人，總是猜疑別人的成功都是靠旁門左道或是運氣得來的。這世上除了自己以外，沒有誰可以真正幫到自己。

05. 惜我者我惜之，嫌我者我棄之，時間可以看透人性，落難時便可知心。

06. 一件事可以改變一個人，但一個人未必能夠影響所有事。

07. 水到絕境是瀑布，人到絕境是重生，水不試不知深淺，人不交不知好壞。

08. 上天不給的，無論十指再緊扣，終究會失去；上天給予的，無論如何失了手，到頭來都會被擁有。

09. 每個人都知道鳳凰可以浴火重生，但卻往往忽略了在烈火煉獄中掙扎的過程。

10. 我的今天是昨天無數個選擇所決定出來的，我的明天取決於我今天無數個選擇。

初 ORIGINAL INTENTION 衷

台積電菁英找到以長照；
回饋社會的創業初心

李 杰 穎

✳ 關 於 李 杰 穎 ✳

現　　　職　弘禾長青有限公司營運長
　　　　　　馨禾社區長照機構總務長

經　　　歷　1988.7 全家移民台灣
　　　　　　1995.5 服兵役體能測驗 5000 公尺第三名，打靶
　　　　　　第二名
　　　　　　2003~2007 台積電新竹廠
　　　　　　2010.1 駱泰集團兩岸事業成長率第二名
　　　　　　2009.9 上海交通大學 SMBA18 期結業評優等
　　　　　　2010.9 節電產品研發測試完成
　　　　　　2019.1 參與 ONE 書系出版《翻轉人生的十個態度》
　　　　　　2020.10 取得新北市住宿型長照機構 (135 床)
　　　　　　經營權
　　　　　　2021.10 台股當沖及隔日沖技術完成
　　　　　　2022.5 成立台中社區日照型長照機構，台股當沖
　　　　　　程式完成
　　　　　　2022.12 穿戴式防刀穿刺散熱式背心研發完成
　　　　　　2023.12 台中社區長照機構被評鑑合格：甲等

2004.2 主辦台中馬拉松路跑賽申請通過

2024.4 第二本共同著作《翻轉人生的十個初衷》
出版

●浸淫半導體、電路板領域八年，從技術部門至
　管理階層，曾創下空降管理工廠一年後，年營
　業額成長 92%、淨利潤成長 18% 的成績，爲
　當年度集團兩岸三地八個事業部門成長率第二
　名。

●擔任小米手機供應廠上海麟翼機電科技發展
　有限公司行政經理，兩年時間讓營收成長
　25%，淨利成長 10%。

●透過進修接觸外匯、東南亞及上海不動產投
　資，達到 18 ～ 32% 的淨利率。

●轉型進入高齡長照產業八年，創業第四年得到
　建設公司認同合作高齡住宅。

座 右 銘　**意通緣合，反省創新，雁行致遠。**

聯 絡 方 式　mmbecklee@gmail.com

　　　　　　c0916827876@gmail.com

以回饋社會為初衷，
在長照產業耕耘出繁花盛果

　　不少人聽到我是在廣西出生、香港長大，總會好奇我是不是大陸籍，再又聽到我講話時偶爾冒出幾句台語，甚至講到當兵時體能測驗五千公尺第三名的「輝煌戰績」時，更好奇我究竟是哪裡人了。

　　小學畢業後來到台灣，在這塊土地上生活超過三十五年，我已經是個道地的台灣郎啦。曾經在護國神山台積電工作的我，為了開拓眼界與累積專業，也曾有幾年到中國工作，在那邊取得很好的成績。當我站在持續發展大陸事業或回台成家立業的十字路口時，我毅然選擇了回台灣發展。

　　這十年來，我經歷過投資失利、債臺高築，但我從來沒有怨天尤人，總是以最樂觀的態度面對每次的挫折。為了協助太座完成開設長照機構的心願，我更不斷學習新的投資管道與工具，不僅完成了太太的心願，也為我們的人生開了另一座小金庫。

現在的我，每天起床之後，先操作股票當沖，完成一天的例行事務，也為小金庫進帳；接著就開始長照的工作，對我而言，長照不僅是未來的趨勢產業，更是我貢獻回饋這塊土地的實際展現。我將《禮記》禮運篇：「故人不獨親其親，不獨子其子，使老有所終，壯有所用，幼有所長，鰥寡孤獨廢疾者，皆有所養。」的精神，充分展現在長照機構當中，將回饋社會的初衷，化為實際行動。

出生在廣西的外省第三代

我的祖父是國軍浙江舟山軍團的獨立團長，一九四九年隨著國民政府，倉促之下只帶走了大女兒及小兒子，當時年僅六歲的我父親，就交由表親扶養長大。寄人籬下的日子不好過，父親到初中一年級後就輟學工作，不但要養活自己，還得幫忙表親照顧家中的三個孩子。

一九六六年文革爆發，我的父親擔心自己身為軍人子弟的身份將遭致迫害，過著東躲西藏的日子，只能靠著打零工度日。後來他與母親結婚後，迫於經濟考量，兩人決定只生養一個孩

子，一九七五年我在廣西出生，後來父母透過各種管道，尋找我在台灣的祖父母，希望能夠辦理移民來台。

　　處在戒嚴時期，要從大陸移民來台可能性幾乎是零。一九八二年，父母先帶著我到香港定居，也在那裡開始了我的小學教育，當時香港還受英國管轄，我學的不只是英式英文，中文讀音也是羅馬拼音，在香港度過了一個還算快樂的童年。

　　一九八七年七月，台灣宣布解嚴，當時電視新聞上常見到許多台灣人往中國大陸探親的報導，甚至還有拍成電影的，畫面中跟幾十年沒見的親人相擁而泣的畫面令人鼻酸，年幼的我卻無法感受到這種情懷。

　　跟那些前往中國大陸去尋根的人相反，我的祖父母在台灣，事實上，在那之前我的生命中從沒有跟他們相處的經驗，我是要回台依親的外省第三代。一九八八年，父母親告訴我，要帶我到台灣找爺爺奶奶，我還以為只是來台北玩一個暑假，甚至沒有跟香港的同學還有我的初戀女友講，更沒有留下他們的聯絡方式。沒想到這一來，就是定居，一下子少了許多好朋友，讓我懊悔了好久。

　　當然，我沒有太多時間感傷，絞盡腦汁融入新環境，很快就取代了我對童年友人的思念。來台後，我就上了國中，不只中英文發音不同，其他學科教的內容，跟我從小知道的也大相逕庭，打掉重練的結果就是成績不如預期，進入高中看來是無望了，後來考入高職就讀。當年的高職畢業後，如果沒有選擇就業，可以再報考二專繼續升學，就讀高職階段，我對在台灣的生活已經逐漸熟悉，看到堂哥考上台灣國立交通大學，也激勵了我在學業上衝刺，高三模擬考時，我的成績篤定可以上國立技術學院，誰知道聯考時有一科我將試卷後半的題號全都填錯，最後只錄取了私校，跟父母討論過後，我決定提早入伍，等退伍之後再升學吧。

成為台積電員工，讓母親揚眉吐氣

　　台灣人常說，當了兵之後才能成為一個真正的男子漢，由於在香港沒有兵役制度，我從小是沒有聽過這種說法的。經過了兩年步兵生活的磨練之後，我不但體能增強，與團隊的溝通力，以及個人的恆毅力都提升不少，當兵生涯對我來說還是獲益匪淺的。

退伍之後，我對個人未來更有想法了，高職時我在資訊科辦公室協助老師相關事務的經驗，加上看到科技業是當代潮流，我下定決心往這條路走。苦讀一年，考上國立聯合大學電子科二專部，畢業後順利進入半導體設備公司工作，服務的客戶是台積電、華邦電等科技大廠。

身為職場新鮮人，我付出了全部的心力投入工作，到職一年後，主管還鼓勵我繼續進修，於是我考上台北科技大學在職班，半工半讀讓日子過得忙碌又充實，在學期間我還去清華大學進修半導體設備特訓班課程。畢業後，我從台積電駐廠技術人員，成為台積電正式員工，能夠在這麼大的企業內工作，對許多人來說都是夢寐以求的。尤其每當家族聚會，在親戚面前都特別的有面子，我相信自己的「成就」也讓母親在家族面前可以感到驕傲。

在台積電，每遇到大節日或尾牙時，場面的盛大加上主管的大手筆，總成為媒體報導焦點，在熱鬧非凡的氣氛中，倒讓我忍不住思考：「如果我繼續待在這裡，未來真的有機會在台上大灑幣嗎？」不滿於現狀的種子在心裡萌芽，我也開始思考起將來創業的可能了。

前進中國，增添歷練與眼界

後來，大學學長引薦了一個到蘇州電路板大廠（台資）創建新廠的工作機會，時空放到現在，要放棄護國神山工程師的職位，到大陸一個新廠從頭開始，一定不會有人考慮的。而在當年我想到，如果有機會參與新廠創建、驗證自己的專業技術之外，還能有截然不同的工作歷練，對未來發展應該更有幫助，於是我毅然辭去台積電工作，前往蘇州報到。

二〇〇七年夏天踏上蘇州的土地，至冬季恰好躬逢當地三十年以來的最低溫，每天冷得批批挫的我，還因此感冒三個月，讓我對當地長年生活的台商佩服得五體投地。在這家公司，我從零開始參與了新廠建置的過程，自然不會是輕鬆的，但也就在克服了種種困難挑戰之後，讓我的專業更上一層樓。

外派三年即將期滿，二〇一〇年我接下另一個工作，管理一家陸資手機工廠的供應商行政與業務管理職務。整個公司從上到下，只有我一個台灣人，一個外來者在這樣的環境中，面對的不僅是整體工作文化的差異，還得面對內部不同派系間的拉扯，要怎麼調和衝突，化可能的干戈為玉帛，還得做出績效，

還真的是一大挑戰，當時的財務長與我不和，也是被我的績效折服。

　　而我不僅以空降之姿，順利處理部門與上下屬間的摩擦，更協助公司收回廠商拖欠的款項，達成年營業額增加二十五％，淨利成長十％的成績，一個台灣人能在大陸「混」出名堂，照理該乘勝追擊，考量到未來的家庭與生活，我決定辭職回台定居，後來這公司跟隨小米手機集團成長很多。

　　二〇〇八年時，在大陸的工作進入穩定階段，我也報考了上海交通大學 SMBA 的進修班，在課程中，不僅學到可以實際運用的專業，來自大陸中小企業主或高管的五十多位同學，也成為我最佳學習對象，這些同學在各自專業領域拼博的硬實力與奮鬥精神，也成為我「有為者亦若是」的效法對象。

　　那幾年在大陸，經歷了二〇〇八北京奧運以及二〇一〇上海世博會，看到了大陸舉辦大型活動的動能及國力，從旁觀察到如何推動完成大事的技巧，成為我日後創業時非常重要的養分。

成家之後，開始不務本業

曾有人問，事業順風順水，怎麼不乾脆在大陸成家立業？
他們大概想說，我在廣西、香港長大，應該不會有所謂的文化
隔閡。其實不然，年幼時的記憶早就模糊，而大陸在經濟快速
成長的那幾年間，變化也十分快速，我這個外地人已無法融入
他們的生活，更遑論在那邊找到共度一生的牽手。

有次休假回台時，認識了擔任護理師的女友。我們三觀相
符、個性也很契合，回台後二○一二年步入禮堂後，我得以擁
有自己的家庭，也能就近照顧父母，家庭生活上軌道，我也開
始思考接下來的工作，才發現，幾年下來，我熟悉的台灣，產
業環境已經不是印象中的樣子。

當時大陸不斷崛起，台灣引以為傲的高科技業製造業，卻
面臨淨利下滑、研發成本緊縮的窘境，而人事成本不斷攀升，
讓企業紛紛引入自動化生產設備。我知道，就算我還想投入擅
長的領域，產業現況對我而言，已經時不我予，於是我跟老婆
討論起轉業的計畫，也得到她的支持。

在大陸期間累積的人脈資源，讓我在科技廠工作時就兼職協助朋友研發將稀土運用在產品中，回台後在台灣富有集團擔任節能省電專案的業務推廣工作，同時也台灣、廈門兩地飛，此外，我們還另外發現稀土元素可以改變衣物的應力特性，於是在二〇一七年三月至二〇一八年七月努力做出了新型材料，後來與浙江大學的研究團隊討論定案簽完開發合約後，不到一週就出現了為期三年的疫情。

這段時期大陸的團隊工作不需上班打卡，但也因沒有假期及無法出國，反而能夠安排更多時間研發產品，同年我跟太太在台灣創業經營長照機構，每個月也要連絡大陸進度使我反而更忙碌，而且忙得更充實、也學到更多。

二〇一七年操作外匯讓我一開始就嘗到甜頭，第一年獲得十八％的淨利，接著我跟著投資夥伴到柬埔寨的金邊投資商務不動產，就算扣掉在當地的公益捐款，淨利還是有二十五％，我們乘勝追擊，再投資了中越邊界的 BOT 案，一年後了結淨利是二十八％。二〇一〇年在昆山投資房產，於二〇一九年出售完成，也獲利三十二％，後來成為我跟太太在台灣創業的基金。

在創業做長照早期，因為參與 ONE BOOk 系列第一集共同出書，後來陸續接觸一些醫療照護相關的專業人士，有書就讓大家更認識自己，其中有一位做醫療管理軟體的業者，經我們詳聊兩次後，我跟太太就投入協助此公司改善升級長照管理軟體功能，經他們客戶使用測試，得到很滿意的效果。

我在台灣及大陸蘇州管理過工廠，深知保全保安工作的辛苦及危險，在台灣發生過保安人員、醫療人員、警察人員被用刀刺傷刺死的案例，所以我跟稀土業者（也是我在上海交大 SMBA 的同學）在二〇一七年三月到二〇一八年七月間做出新型纖維材料，後來由浙江大學的研究團隊在二〇二〇年到二〇二二年間做出「防刀穿刺散熱式背心」，後來我在二〇二三年三月去大陸工區試穿用刀刺不進身體，準備在二〇二四年推進保全公司及政府警察單位，為員工生命安全及他們的家庭幸福而努力。

超高齡社會中的商機：長照機構

太太是通過高考的護理師，在長照領域耕耘多年，早已經

是長照護理之家護理長的她，就希望能自己開設長照機構，大約在二〇一三年時，我們就看見台灣的高齡市場規模討論到這件事情。

根據國家發展委員會的報告，台灣已在一九九三年成為高齡化社會，二〇一八年轉為六十五歲以上老年人口佔十四％的高齡社會，預估將在二〇二五年邁入老年佔比二十％以上的超高齡社會，這個佔比仍會逐年提高，長照不僅成為政府重視的課題，也是未來將會逐漸擴大的「兆元產業」。

由於長照不僅是老婆的專業，也是她的志業，為了協助她完成心願，我上課考取照顧服務員證照，到弘光及青松護理之家及日照機構工作了兩年，也跟老婆請教專業照護的內容，進而一起討論到創立長照機構的前中後期作業。

從人員分工、制度管理、專業技術執行、財務管控等各方面，我們都一一畫出藍圖，並等待時機成熟，機構得以開設。經過長達四年的學習以及籌組團隊，在二〇二〇年十月，我們終於取得新北市住宿型長照機構（135床）的經營權，得以一償老婆的宿願（但是這年疫情已發生）。

41

　　只是在疫情期間，不少長者與家屬擔心群聚風險，紛紛離開機構回家安養，讓機構陷入人去樓空的窘境。二〇二一年三月，我確定了機構已經無法獲利，必須再另覓收入來源。於是我用半年時間研究台股當沖與隔日沖的操作技術，創改當沖技術驗證並研發出一套可以在這兩個區塊通用並獲利的程序，在二〇二二年，更請在科技業的同學協助優化為程式交易，操作這項投資，讓我們安然度過長照機構在疫情期間的虧損。

　　有感於近年來，台灣的詐騙案件無論在件數或金額都不斷上升，為了幫助大家避免誤入投資詐騙，我在二〇二三年也針對工程師、醫護、教師等族群，開設線下教授當沖技術課程，幫助他們學到正確的投資知識，避免辛苦工作存下來的錢，平白轉入詐騙集團手中。過去多年以來，我受到許多貴人的幫助而能走到今天，我也期盼貢獻一己之力，讓平凡的工作者與年輕人，能有為自己賺到另一桶金的斜槓收入，也不需為薪資出國工作而照顧不到小孩及老人。

不只照顧長者，也照顧身心障礙者

在二〇二二年五月，我們的第二家日照型社區長照機構也在台中成立，與住宿型長照不同的是，日照型機構的受照顧者是每天早上到機構裡來，晚上再回自己家裡，有點像托兒所一樣，但我們在週六也是對外開放。

通常會到日照型機構的長輩，可能因為白天家裡只有一個人，送到機構來，有我們協助照顧會比較安心，而在這裡長輩也可以得到足夠的社交需求，我們提供適合的活動，對於身心的提升很有幫助。

除了長輩之外，日照機構在二〇二三年接身心障礙的個案，比起單純照顧長者，照顧身心障礙者的挑戰性更大，不但需要學習另外一套知識，在照顧時，也得有更大的耐心與愛心，而當中必須耗費更多的體力，更是不在話下。

照顧身障人士第一個月，老婆跟我說：「好累喔，我們可以不要接身心障礙的個案了嗎？」聽到她這麼說，我並不訝異，因為真的很累啊！但我鼓勵她，這幾個月我們還在學習階段，

初 ORIGINAL INTENTION 衷

再撐一下，跨過這個門檻，我們一定可以做得很好的。於是我們就這麼堅持下來了。

在二〇二三年十二月時，台中啟聰學校也帶了學生家長到台中的機構參訪，了解我們在身障領域的投入的心血。一般來說，照顧老人家的機構，很少能夠長期同時照顧身心障礙者，而我們的付出，不僅得到家長的肯定，在三年一次的機構評鑑中也得到甲等成績。

經過我們細心照護，不少長者在行動、語言的恢復上有了長足的進步，生活中更燃起了新的追求目標，原本束手無策的下一代，看到長輩在我們這邊的改變，更是不住的道謝。而看到身心障礙的個案，經由我們的照顧，有了更穩定的精神狀態與更好的生活品質，更讓家長感動不已。而不僅被照顧者，我們的員工團隊，也在一次又一次的試煉中，堅持不懈且提升了長照能力。

看到他們欣慰的笑容，就是我們努力的最大動力。其實，雖然前面提到長照在未來是「兆元產業」，但作為先行者，我們的利潤大約只有十到十三％，跟投資其他生意相比，真的是

偏低的。也曾有人問我，怎麼會想做長照？完成老婆的心願當然是第一個原因，而對我這個中途投入的門外漢而言，我會說，為了幫助台灣社會更好，為自己累積福報。

超高齡化社會近在咫尺，政府跟民間都還沒有做好準備來迎接老人家比青少年多的時代，而我們已經做好準備，並且有越來越成熟的照顧經驗，當未來終於到來，我們在這幾年種下的果樹，都能開花結果，讓來到樹蔭下的人，乘涼的同時也享受甜美的果實。

在未來的規劃上，我們希望可以再朝安養型高齡旅館或高齡電梯住宅的方向邁進，這部分高端高齡族群消費產值在二〇二三年已達到兩千三百九十億台幣，到二〇二四年會達到兩千四百七十億台幣，高齡產業在將來勢必成為主力，我們已累積出足夠的經驗值，果然在過完年的二〇二四年二月中，有建設公司認同我的團隊及機構，董事長及土地開發部會找適合土地，建設高齡電梯住宅後委由我們經營管理。

另外，台灣國立陽明醫大的院長級教授，經過幾次相處及互動後，認同我跟團隊的實務能力，介紹我們跟另一組團隊合

作，推動一個在醫療治療／長期照顧／身心障礙／青少年孩童等領域都應用得到，可以改善睡眠品質／憂鬱症狀／過敏症狀的「光線治療技術」，此技術已有專利及產品，我們在二○二四年會改良升級，一起推動擴大應用領域。

回顧前面這些幾年的翻轉起落，我始終堅持利己利人利社會的初衷，不畏艱難、勇於嘗試，並且確實執行。雖然即將邁入半百的第五十年人生，我相信未來人生還有更多可能性，我將繼續邁向第三人生，說不定還會發展出第四人生。

更期望這本 ONE 第十集，帶領自己進入十全十美之能力及家庭的人生！

李杰穎關於初衷的十句話

01. 以終爲啟，不忘初心，感恩貴人。

02. 把握接近幸福時，先倍感幸福。

03. 因爲有愛，所以慈悲，利他而爲。

04. 道路一旦選定，就勇敢走下去。

05. 成大事不在力量大，而在堅持久。

06. 世上的風涼話很多，要會判斷。

07. 成功是能進入夠早及堅持夠久。

08. 不阻於難關，不亂於內心，保持初衷突破再提升。

09. 有能力時，一定要回饋社會大衆。

10. 一個人強走得快，一群人強走得遠，打造強大的團隊。

初 ORIGINAL INTENTION 衷

在逆境中成長到讓知識
改變命運的知識共享者

陳 秀 靈
（Jodie Tan）

✴ 關 於 陳 秀 靈 ✴

現　　職　靈駿新媒體創辦人

　　　　　一頁媒體聯合創辦人與總編輯

經　　歷　2002 – 2013 年：在律師事務所擔任經理，處理
　　　　　房地產相關的合約和交易

　　　　　2013 – 2023 年：在律師事務所擔任經理，處理
　　　　　創始人的日常工作，同時處理房地產相關的合約
　　　　　和交易多達 1000 宗

　　　　　2021 年：PropertyGuru 和 iProperty 專 業 房
　　　　　地產網站翻譯員和撰稿人

　　　　　2021 – 2023 年：多個平臺的編輯和撰寫人

資　　歷　會計高級雙文憑

　　　　　房地產經紀文憑

　　　　　國際食療與營養學證書

人壽保險與投資專業考試

信託基金與私人退休計劃考試

座　右　銘　**任何抉擇始於知識，知識需要認知，學到了可以
共用給其他人。**

我的成長挑戰

　　我身高一百七十九公分，有些虎背熊腰，面帶別人欠我幾十萬的表情。但如今，我時常展露發自內心的笑容，並擁有自然且成熟的風度。我名叫陳秀靈，來自馬來西亞具有米都之稱的吉打州首府亞羅士打的一個小康之家。自我有記憶以來，我與父母和弟弟都是過著租房子的生活。我的父母沒有固定工作，母親更愛四海為家，因此常不在家。這樣的童年，造就了我的獨立性格，卻也讓我缺乏安全感。

　　我想簡單說一下我的原生家庭背景。我出生於一個不尋常的家庭。當母親二十一歲生下我的時候，父親已四十歲。他們的婚姻並未得到家人的祝福。父親為此離開了自己的原生家庭。我從未見過我的祖父母或父親那邊的任何一位親戚。我在沒有堂兄弟姐妹的童年中成長。每當聽到同學們提到堂哥或堂姐這些字眼，我都有一股莫名的失落感。

　　母親在遇到父親後到生下我以後，她還很年輕，她嚮往自由，我們聚少離多，導致我們的關係變得疏遠，慶幸地是我們依然保持聯繫，只是情感已不再深厚。也許是這些童年的成長

51

環境，我從小就缺乏安全感，很情緒化也很敏感。

還記得上一年級的時候，糊里糊塗就被選為正班長，小學
到中學時期一共當了八年的班長。可能是這個身份和角色，我
被視為乖乖女。其實，我內心是一個充滿好奇、喜歡打抱不平、
對不公正的事物毫不畏懼地發聲。

家庭的變故與自立

雖然家裡的收入來源單薄，但是家裡至少還有一部車代步。
父親負責載送我上下學。直到一九九五年，家裡發生了重大變
化。母親遭遇了嚴重車禍，導致失去一隻眼睛，我們家的車也
報銷了，經濟來源也成了問題。雖然時過境遷，但我仍清晰記
得在醫院見到母親全身傷痕的情景。

那個時候我剛上中學，而且還是下午班，因此我只能選擇
在中午最熱的太陽底下步行三十分鐘到學校。這些一系列的打
擊和問題，讓我感到生活的崩塌。雖然我們不富裕，至少我
在父親手裡是一個掌上明珠。但是，那時的我突然要自己解決

生活上的瑣事，還需要自己獨自步行去學校，我的確有點不知所措。

　　這個事故也成為家裡經常陷入爭吵的導火線。母親也再次經常到外地去打工賺錢。直到一九九八年，家裡再度引來第二波大變化，母親跟父親最終決定分開。那個時候的我不會感覺心痛還是害怕，要來的畢竟會來。我只是沒有想到，一直以來母親很偏心弟弟，直到這一次她竟然開口爭取我跟她一起生活。我沒有正面回應，我繼續留在家裡，哪裡都不去。只是這一次，真的完全變了。

　　我在中學初中三就開始兼職賺錢，開始建立自己的經濟基礎。那個時候第一次有自己的公積金 EPF 戶頭，有一種莫名的安慰和安全感。兼職的地方剛好在補習中心隔壁，每天下午不同時間段都會有不同的學生群在我兼職的店前走來走去。當下，心有點痛，為什麼他們可以無憂無慮在補習？為什麼他們都有朋友？我為什麼就是什麼事情都是一個人扛？

　　上完兼職後，晚上還需要走一段路去搭巴士回家，再走一段路回家，趕緊上床睡覺，隔天五點起床溫習功課後上學。就

53

是這些經歷，我越來越獨立，甚至有時候有點封閉。

然而，那些負面的情緒也是一時的情緒，我知道日子還是要過。

開啟了離鄉背井的獨立生活過程

二〇〇〇年，中學一畢業我就需要開始找工作。那個時候去了檳城試試運氣。我找到了一份"刮刮樂"的工作，還沒考慮好是否要做這份工作，我就被公司安排隔天一個人乘坐巴士去柔佛州上班。還記得應徵後，由於沒有地方落腳，我就直接跟一班男生在一間樓上空置的商店睡在一起，準備好明天就出發去柔佛。母親離開我們後，我們依然保持聯繫，當她得知我要去柔佛，她直接來到我過夜的地方找我，然後要我偷偷收拾東西後離開。搞到真的好像是電影那樣，差點被賣豬仔然後偷偷溜走的橋段。

之後，留在檳城找了好幾份工作，但都是一些很低薪而且時間很長的工作。最後毅然決定獨自一個人離鄉背井到人生地

不熟的城市，投靠在吉隆坡的遠房親戚。在二〇〇〇年到二〇〇二年，我一共做了好幾份工作，包括幼教老師、售賣手機、直銷、會計、眼鏡店店員等等。我甚至搬了好幾次居住地方，也曾跟一些外勞一起居住，去哪裡都以巴士代步。這幾年的過程當中也曾經遇人不淑，還一度通過張天賜投訴上報，當中也遇到被騙錢的事情。

如我上面提到，我沒有跟祖父母聯繫過。直到有一天，公公在九十多歲高齡去世時，我們才發現原來公公的老房子有放到我父親的名字，他擁有 50% 的業權。其中一個移民去了外國的姑姑想要留住這個老房子和土地，於是出了一筆錢跟我父親過戶這個房地產。

在獲得這個 "意外之財 "之後，我也在機緣巧合之下用了五個月時間上課並考取兩張會計高級文憑。二〇〇二年，我暫時在出租房附近找到了一份在律師事務所的文職工作，月薪只有馬幣 RM800，還需要支付房租、水電雜費以及家裡的生活費。那個時候我也擁有了自己的第一部電腦，雖然那時互聯網還不是很普遍，需要用電話線才能連線，但是我發現我很喜歡在網上找資料。我很喜歡聽著歌、上上網、找找資料等等的輕鬆寫意

初 ORIGINAL INTENTION 衷

過程。

　　在二十一歲那一年，我用了一部分的錢來購入我第一個房地產，當起包租婆。其實，現在想回去，我確實是挺大膽，在倉促之下就做了這個魯莽和冒險的決定，分分鐘是入不敷出的局面。那個時候的工資只有不到馬幣 RM1200，我卻用貸款買了價值約馬幣 RM85000 的公寓和用了馬幣 RM5000 作為一輛進口車的首期。

　　我從身無分文，突然擁有了一些屬於自己的東西。這一切，很不真實。

我的愛情故事與婚姻

　　我的愛情故事開始得有些意外，是一段不期而遇的愛情之旅。一天，一位朋友希望我能載她到馬六甲找她以前的同事。在沒有任何導航和方向概念的情況下，我竟然答應了她這個請求。至今，我仍然不清楚自己是如何從家裡去到馬六甲的。到達馬六甲後，我們在一座天橋下與另一輛車匯合。原來，我負

責載我的朋友去見 A 朋友，A 朋友的朋友則負責載他來見我的朋友。意想不到的是，這位司機後來成為了我的丈夫。我從來沒有想過自己的桃花來得如此之快，甚至超過了許多同齡的人。

每次回想這段經歷，我都覺得有些不真實。我們從認識到登記結婚再到懷孕，整個過程不到六個月。第二年，當我二十四歲時，我的兒子出生了。起初，我跟丈夫是兩地分居，他繼續在馬六甲就業，而我則留在吉隆坡。我們結婚不久後，便迎接了來自老家的父親和弟弟與我們一起生活。

生兒子時，我經歷了催生和約十二小時的分娩過程。丈夫陪在產房，看到我如此痛苦，他說以後不要再生了。現在回想起那時候辦理出院手續時，由於我的疏忽兒子差點窒息，幸好及時發現，被護士緊急送去放進氧氣艙的情景。我對自己的無知感到非常自責。

我很感謝家婆特地來到吉隆坡幫我做月子，照顧我的兒子。我的父親負責到菜市場購買月子餐所需的材料，而母親則負責烹飪。兒子滿月時，我們不得不將他交由給家婆帶去馬六甲照顧。之後，我們就開始了我們在吉隆坡和馬六甲兩地奔波的

生活。

我們都知道，孩子在每個成長階段都會有不同的需求和情緒。我還記得，有一段日子，他在沒有家婆的情況下，是完全不給我們抱他的。我開始擔心他是否還會認我這個媽媽，但直到他大約一歲半，在毫無預警之下，他突然之間決定跟我們回家，還拉著我去幫他收拾他的奶粉、奶瓶還有尿不濕。

就這樣，我們夫妻兩在沒有任何安排的情況下接兒子回到吉隆坡。其實，從出生到他一歲半，他見過我父親的次數真的是五根手指都數得清。然而，我們帶他回家後，他不僅沒有吵鬧，而且在隔天一早我們去上班後表現得非常好。意外的是，雖然在陌生的環境下，他在我父親的照顧下開開心心地度過了一天。那個時候我的父親已經六十八歲，他還可以幫我帶孩子洗澡和吃飯。想必，這就是父愛的偉大，他的確是一個發自內心愛屋及烏的父親。

我很幸運和幸福，兒子自小沒有任何任性、不吵不鬧、不動別人的東西、不求任何玩具，甚至回家不久後，雖然還不到兩歲，我們就教育他需要戒掉喝夜奶的習慣以及不再包尿不濕，

教他睡覺前去小便。這個小子真的很有悟性，他都一一完成，真的不再起床喝夜奶，也沒有一次尿床。

我的職業生涯與挑戰

二〇〇九年左右，我開始了網購事業，膽粗粗從台灣和中國進貨。那個時候，網絡購物還不流行，淘寶等平臺也未普及，所以我必須通過協力廠商將馬幣兌換成人民幣再匯款到中國。現在想回去，其實還是很冒險的。我發現中國的服裝更新速度極快。我幾乎都是每隔一段時間就會進一大批服裝，逐漸開始了批發業務，建立了批發網頁和會員制，並提供代購服務。

二〇一〇年左右，我投資了馬六甲的一個雙層排屋，並開始了民宿生意。那時的互聯網還不發達，我主要依靠論壇還有自建的簡易網站進行宣傳。

同時，我繼續在律師事務所上班，老闆也知道我在做網購生意。有一次，我偶然發現了馬來西亞的佳禮論壇，那裡有很多人分享自己的想法、經歷和故事。我注意到網上缺乏正規的

初 ORIGINAL INTENTION 衷

房地產相關資料。可能是我的專長所在，我經常花很多時間在
論壇上回覆網友的問題。之後，我也創建了"秀靈購屋指南及
流程交流區"的主題，這個主題甚至被論壇管理員置頂，至今
仍然有不少點擊率。

當初的想法很純粹，我只是想要盡自己的綿力去幫助遇到
問題的網友。我用了很多時間和心思去整理合法合規的答案和
購房指南。後來，我得知一些網友在我的分享中學到很多，
有的更開啟了他們的房地產相關事業。我相信知識就是有價值
的，雖然我不能直接用來賺錢，但我提供的資訊是完全免費的，
卻能促使一些人在學習後去落地和應用。

我分享的影響力也逐漸擴展到撰寫專欄，甚至最後獲得著
名的房地產平臺的青睞，邀請我成為他們的撰稿人。從此，我
與房地產領域的聯繫更加緊密。除了在律師事務所需要與房地
產打交道，處理眾多的房屋買賣合約和交易外，我在空閒時間
還撰寫房地產相關的文章。

在這段打工的過程中，我喜歡一個人靜靜的做好自己的工
作，有點我行我素，不喜歡討論時事或是非。我幫助了上千人

實現購房夢想，看到很多人通過房地產致富，也見證了不少客戶買房地產真的很像買菜那樣。我常好奇，哪些行業能讓人如此輕鬆就擁有大量現金和獲得房屋貸款。

經過多年的兜兜轉轉，我發現自己似乎原地踏步，依舊是那個每天早上八點到公司，下午五點下班的辦公室職員。曾經，我不敢有創業夢，對創業充滿顧慮，我沒有足夠的安全感和底氣。但隨著時間的推移，我逐漸意識到，每個人都有屬於自己的時區，沒有所謂的快慢，只有恰到好處。我發現我一直以來熱愛分享的本質，其實就是我生活的價值和使命。原來，我的初衷，在我開始無私分享的那一刻，已經悄然確立。

我雖然沒有創業的火，但是我始終保持著對學習的熱情，喜歡上課，樂於面對考試。年輕時，我學習和吸收能力超強，更有過目不忘的本領。我曾看過一個文章，那些會花費大量時間在開始時就設定好的人，實際上是以最高效的方式處理事情，即使初始設定是需要投入時間。的確，我正是這樣的人，非常注重標準操作流程。

我所學習的領域十分廣泛，這源於我的好奇心。我甚至有

61

點貪心，擔心自己學得不夠多。每當看到有價值的分享文章或
鏈接，我都會將其收藏起來，供日後參考。也許一些技術和
知識只是半桶水，但是至少我曾花心思去瞭解過。我學習過電
腦編程、網站建設、平面設計、會計、所得稅、房地產相關的
十六個科目、保險行業、直銷、遺產規劃等等。

有些東西我學習後在我打工的工作上多半用不上，但是我
有一個習慣，我會將所需的資料分門整理。最近，我意識到，
這一路上不斷地學習、嘗試、試錯、摸索和探索，其實是在尋
找一個使命，一個真正符合我初衷的目標。

發現人生初衷與使命

我深信知識可以共用和傳承。從最初在論壇上的分享，到
為上千名客戶服務，以專業知識分析房地產交易過程，再到後
來在各個網站分享知識，我走過了二十年的路程。在法律界
二十年，我用自己的方式去學習、深入瞭解和探索，然後以我
的方式分享和完成律師事務所的工作。

在律師事務所工作期間，我喜歡掌握服務或行業的生態系統，如接觸房地產投資、貸款信息、遺產規劃等。我會將所學的知識以另一種形式分享出去。例如，在律師事務所任職時，我利用所學的法律知識和基礎網站建設技能為律師事務所建設了一個網站。

在二〇二一年，在一個偶然的機會下，我轉換了分享知識的路徑。我通過聆聽一些企業家的故事，然後將其撰寫成文分享出去，獲得了巨大的迴響。許多企業家都深受觸動，他們從未想過自己的故事會被人聽到並傳播。在採訪過程中，這些企業家可以回顧自己的經歷，而我也從中學習到很多。這個過程不僅讓我受益匪淺，還讓我發現了自己的另一個可能性和使命。

原來，我長期以來的分享和文字書寫能力是可以以另一種形式繼續發展。雖然從熟悉的房地產領域轉向了另一個範疇，然而這並沒有造成衝突或影響。

初 ORIGINAL INTENTION 衷

41 歲啟程創業之旅

在二〇二三年的三月，我毅然決定結束我長達二十餘年的
職場生涯，我邁向了我從未預料和計劃過的創業之路。四十一
歲這個年齡對於很多人來說，可能是穩定和不再輕易嘗試新事
物的時期，但對我而言，這恰恰是一個全新開始的時機。回想
起朋友們詢問我為何做出這個決定時，我可能沒有一個確切的
答案。也許，最好的解釋就是時機成熟，而我也做好了準備。

從三月開始，我遇到了許多貴人，有的介紹客戶和朋友給
我，有者信任我並委託我提供服務。通過參加各種活動，我建
立了人脈，從許多企業家那裡學習到了寶貴的經驗。

在這個過程中，我真切地感受到了眾多企業家用心經營的
決心和使命。他們為了自己的初衷和目標奮力前進，沒有退路。
對我而言，雖然我不是生意人，也不是領導者，但我有自己的
使命和初衷。我希望能在他們的成功之後扮演一部分的角色。
我自始至終堅持的初衷是盡可能將每個人的故事傳播出去，並
分享各行各業的知識。我相信知識應該被共用。用自己的優勢
和努力為社會貢獻價值，是我對學習意義的理解。

在這個創業之路，從舒適圈踏出來，面對全新的環境和問題，存在很多未知，但是我很享受。我要感謝的人實在太多了。一開始一些朋友，甚至是剛認識的朋友，聽到我要創業，他們都無限支持我，有些還打算開公司讓我去管理。現在回想起來，過去我曾拒絕了幾個朋友的邀約開律師事務所，以及管理房地產和奶茶店的機會。我很感謝給我機會的朋友們。

成功的肯定和感動

在馬來西亞，兩個備受企業家矚目的重量級獎項是由 JCI 主辦的馬來西亞十大傑出青年和由 The Star 主辦的 SOBA。這兩個獎項是需要專業寫手完成一系列的撰寫工作，涉及商業觸覺、市場動向和國際趨勢等等。

我記得第一次接到 SOBA 任務的時候，是為一個科技公司客戶撰寫。當時，我有些緊張，擔心自己無法勝任這個重要任務和辜負這份信任。慶幸地是，我們的努力沒有白費，最終進入了競爭激烈的決賽，並在頒獎晚會上獲得了殊榮。那一刻，我感受到了前所未有的欣慰和感動，原來，我能夠利用自己的

專長和優勢幫助客戶實現他們的夢想。

隨後，我接到了馬來西亞十大傑青提名者的委託。這又是一個全新的挑戰，充滿了未知和忐忑。整個過程雖然吃力但卻是一次獨特的體驗。我不但參與了撰寫工作，還全程陪伴客戶完成整個提名到入選過程，最後甚至親身到柔佛州去支援他們，這一路的陪伴和支持，讓我收穫了無價的經驗和滿滿的回憶。

這些經歷不僅是對我的專業能力的考驗，也是對我的人際關係和溝通技巧的挑戰。每一次的成功，都讓我更加確信自己選擇創業之路是正確的。我不但可以為客戶服務，更是在實現他們夢想的過程中，為自己的職業生涯增添了寶貴的經驗。

通過這些經歷，我更加明白，無論是面對挑戰還是機遇，都需要勇氣和資訊去迎接。這些經歷和甜酸苦辣的過程對我來說，不只是成就感，更是個人成長和實現自我價值的重要部分。

未來可期，保持初衷，不忘初心

時間飛逝，轉眼已是二〇二四年。回望自己的職業之路，我對於自己所取得的成就感感到無比幸福和滿足。在這條路上，我始終在背後默默地支持我的客戶，為他們出一份力。這種默默付出的扶持，給了我巨大的成就感。

過去一年裡，與客戶一起經歷的點點滴滴，讓我深刻感受到了一種踏實和信任。感覺就像是他們心中有我，我的心中有他們。每當我收到客戶的認可和感謝時，所有的辛苦和挑戰都變得微不足道。

在面對客戶的各種需求和挑戰時，我經常不得不熬夜解決難題，應對緊急情況。但是，當我看到客戶因我的努力而取得成功，感受到他們由衷的感激，所有的勞累和挑戰都煙消雲散了。每一次客戶的肯定，都是對我專業能力和付出的最好回報。

我再度意識到每個人都有屬於自己的時區。我的旅程，既不遲也不早，正是在這個時區中。在過去的打工生涯，讓我可以無憂無慮的去接觸更多事物，無論是周遊列國還是通過學習

67

增值，這些經歷都為我未來的轉型鋪了路。這些年的沉澱，其實是為了未來的成長和成功而準備。

在這個不斷變化的世界中，我將始終保持我的初衷和初心。無論前路如何，我都將堅持自己的價值觀，繼續學習，繼續成長，為自己和周圍的人帶來積極的影響。

如今，站在二〇二四年的時間節點上，我更加明白自己所追求的不只是職業上的成就，更是在這個過程中建立的人與人之間的深厚關係。我相信，未來只要保持著這份熱情和對工作的愛，就能繼續在這條路上走得更遠，實現更多的夢想。

展望未來，我將繼續利用自己的知識和能力去協助身邊的朋友，作為他們背後的堅強後盾。我希望能幫助他們為社會和世界創造更多的可能性。

保持初衷，是我對自己未來的最大承諾，也是我給自己最好的期待。

陳秀靈關於初衷的十句話

01. 初衷，是世界上最有力量的夢想，它驅動我們不斷前進

02. 莫忘愛的初衷，它是情感最純淨的源泉

03. 堅持不違初衷，卽使面對挑戰和誘惑

04. 不要讓成功摧毀了初衷，要時刻保持謙遜和眞誠

05. 成功是旅程，不是終點，保持初衷就是保持進步

06. 每個人的心中都有一盞燈，初衷就是那光芒

07. 通過知識，我們不僅看到了世界，更看到了自己的可能性

08. 知識的力量在於它能夠被分享和傳承，永不枯竭

09. 四十一歲創業，證明夢想不問年齡，只看熱情與決心

10. 創業和改變世界不是年輕人的專利，隨時都可以開始迎來事
    業的第二春

初 ORIGINAL INTENTION 衷

用旅遊改變世界，
讓社會更加美好及富足的女性典範

拿督潘艷虹
（Datuk Ada Poon）

✳ 關 於 拿 督 潘 艷 虹 ✳

現　　　職　AmLeisure Group 創辦人。集團旗下包括：

　　　　　　　1.AmLeisure Media

　　　　　　　2.Space Hotel

　　　　　　　3.GoTraz

　　　　　　　4.World Top Tourism Award

經　　　歷　1999 年在上市公司任職 7 年

　　　　　　　2007 年創業成立 AmLeisure Group

座　右　銘　**初心源自感恩的心，因爲人之初，性本善。**

網　　　站　https://amleisure.com.my

　　讀萬卷書不如行萬里路，旅行，是開闊視野，是享受美景，是生活態度，是探索未知，更加是身心靈全面大提升的充電器。旅行方式能夠千變萬化，隨你的意願去彳亍天下；旅行行業更需要不斷改變，尤其一場全球疫情，讓大受歡迎的旅遊業陷入奄奄一息。只有不斷求變，才能在激烈競爭中站穩腳步。因為愛旅行，也感恩宇宙的感應，讓我有力量將愛好與興趣轉成我的事業，如今已建立起自己的旅遊媒體小王國，希望在我有生之年，能夠走遍全世界一百九十七個國家！

　　我是潘艷虹，大家都叫我 Datuk Ada，我是於二〇二一年欣逢馬六甲州元首閣下華誕封賜 DPSM 拿督勛銜。我出生於馬來西亞霹靂州的首府怡保，來自小康之家，在四兄弟姐妹中排行老二。我自小就對周遭人事物非常有好奇心，加上活潑、外向、愛玩的個性，讓我立志投身於有得玩又能夠探索生活的媒體行業。一九九七年中學畢業，竟如願在旅遊媒體公司應徵成功，雖然只擔任一名小書記，月薪也不過 800 令吉，但是我明白，若想要有更好的成就，我必須再進修，因此我靠自己，再憑著微薄的薪資，半工讀考到了商業文憑。

　　短短七年，我從小書記晉升為老闆的私人助理，再隨著公

司上市，獲老闆器重躍升為執行董事，掌管旗下雜誌出版社，負責《蘋果雜誌》及《旅行家》等書刊的工作。那一年，我二十四歲。年紀輕輕當上雜誌社高管，我雖享受著同齡人羨慕的眼光，但與此同時，面對的壓力也是非常人所能理解。光是讓公司的其他老臣子誠服就已經是一大挑戰，更別說要為一本雜誌的生死存亡負責。當時，我曾糾結過，應該留下來當私人助理，還是突破舒適圈，去領導一群專業的編採團隊。經過一番思想搏鬥之後，我知道要更上一層樓，便要吸取多方面知識與經驗，尤其對我而言，出版社是文化傳承的起站，更何況又是我自小的情意結。即使過了那麼多年，我依然覺得能夠採訪別人，聆聽他們的故事分享，非常有勵志之餘，還可以滿足我的好奇心。

開創事業版圖三人團隊壟斷旅遊雜誌市場

原生家庭的教育，對我的成長路程產生深遠的影響，就算來到今天，無論我做什麼決定，父母都給予我堅定的支援。他們始終秉持積極的思維方式，鼓勵我們四兄弟姐妹勇敢面對挑戰；他們也很有想法，不會只要我們穩穩打一份鐵飯碗，反而

初 ORIGINAL INTENTION 衷

鼓勵我們勇敢創業，但是有能力後就要對人施以援手、回饋社會，久而久之，也養成了我在待人處事上的那份誠信和承諾。

後來，在雜誌社工作近八年，囤夠了資金與資歷，眼界開闊了，我不僅要賺錢，還要實踐自己想要成為企業家的夢想。碰巧，當時剛起步的亞航打著「人人都能飛」的口號，我非常認同這個旅遊策略，也洞察對促進旅遊業的潛力，於是就跟隨亞航的模式出來創業。二○○七年，當年我二十七歲，與妹妹潘艷媚一同創立 AmLeisure，目標設定於專營旅遊雜誌，沒想太多，就這樣膽粗粗開啟了我的創業旅程。

一開始，我和我的合作伙伴胡穎慧及她的弟弟胡子年一起創立公司，之后我的妹妹潘艷媚也加入了團隊，在一個面積只有五百平方米的辦公室開創事業。出乎意料的是，我們旗下首刊《探世界》，一本中文旅遊雜誌，不僅獲得了亞航的青睞，雜誌封面得以配合亞航的航班路線、介紹該地的旅遊景點。更沒想到的是，《探世界》一推出市場便大受歡迎，成為馬來西亞國際旅遊展（MATTA FAIR）的指定雜誌及唯一的媒體夥伴直至今天。

隨後，我陸續推出了英文版的《LeisureTravel》和馬來文版的《Cuti-Cuti》，這三本代表性旅遊雜誌絕對是我們集團的得意之作，成為全馬首個和唯一擁有三種語文旅遊雜誌的公司，幾乎壟斷旅遊雜誌市場。值得驕傲的是，我們小團隊，就能一手包辦這些深受國內市場深愛的三語旅遊雜誌。

忍痛停辦紙媒雜誌轉向社媒發展

在創業過程，雖然挑戰和問題不間斷，但是我更確定了創業方向，勇敢追夢。然而，花無百日紅，任何好景並不會永遠持續。隨著數碼化時代降臨，收費雜誌市場急速萎縮，雜誌已逐步難引起消費者的關注，在我創業第七年，我的事業陷入嚴重的財務危機，雜誌社虧了很多錢。我不得不承認從傳統印刷時代發展至網絡世界，紙媒行業正在步入夕陽時刻。與其被淘汰，不如放手再去開創一條新路。我當機立斷下了一個艱難的決定，將花費許多精力並獲得良好口碑的三語雜誌停刊，斷臂求生，停止虧錢，只留下《Travel Guide》免費雜誌繼續不定期出版。

　　現在回想起這個決定，可謂是快刀斬亂麻，我當初做雜誌的目的是希望讓人看到優質的內容及世界最美的畫面。我就把我的模式轉換成免費贈閱給所有的讀者，好讓讀者們能跟著我們一起探世界。因為這個的初心，也讓更多的廣告商跟著我們一起走。

順應大格局打開旅遊生態圈

　　曾有的險些失敗創業經歷，讓我更加謹慎和審慎地對待任何未來的投資和新業務的開發，會花更多心思去考量才做出決定，但我還是堅持我的初心，再怎麼艱苦也必須繼續下去。

　　因此，很快的，我又找到新出路，既然電子網絡崛起，那就順應大格局，轉去社媒發展，我也順應潮流，做起與旅遊有關的事業。我開始轉向網絡行銷謀求更大的發展，甚至還承包海內外旅遊局及旅遊公司的廣告業務，與多個旅行社合作推出旅遊團配套。如今，我所創設的 AmLeisure 集團旗下就有四個品牌和核心產品，包括《Travel Guide 探世界》免費旅遊雜誌、旅遊平臺與旅遊粉絲會 GoTraz、世界旅遊大獎 World Top Tourism

Award 以及太空酒店 Space Hotel。

身為 AmLeisure 集團的創始人和掌舵人，我無時無刻都在策劃如何進一步擴大 AmLeisure 集團的業務範圍。自始至終，我都對旅遊業領域不離不棄，這是我的初衷，旅遊是我人生的全部。我經常出國訪問和考察，累積經驗、人脈和資源，同時也開闊了我的視野，更加強了我的創意素質。在創業路上，我遇到了很多貴人，因為有他們，才能將事業越做越大。我受益於貴人們的扶持和幫助，我也立志成為別人人生中的貴人。為了鼓勵和肯定一些為旅遊業貢獻良多的業者，我決定將 AmLeisure 集團做深做強，幫助有志人士創業，讓他們也可以在旅遊事業裡邊做邊玩。同時，我們也聚在一起，共同謀略如何竭力開發更多創意的旅遊產品，為國家的旅遊業做出貢獻。

太空酒店 Space Hotel 是我的另一個得意之作。這是馬來西亞首家太空酒店，地點位於吉隆玻最具指標性旅遊勝地之一的唐人街，當初這個創立靈感是來自於我探索了很多國家並也帶了很多朋友去了很多個國家深度遊，唯獨太空未能觸及，所以就想在馬來西亞創造一個宇宙主題的旅遊景點，引入這股宇宙力量。這個想法在當時很新穎，探索外太空也是我的夢想，我

77

不知幾時可以成行飛上太空，但是我可以創立屬於自己的「陸地式」太空之行，這裡除了供旅客下榻休息，也備有自家餐廳和各種有趣好玩的娛樂設施，通過我的太空酒店能讓大家體驗一下到外太空繞一圈，感受到太空的美妙。這些年來，自助遊普遍化，太空酒店的預訂率暴增，收到了來自世界各地的熱烈迴響。我希望可以在二〇二六馬來西旅遊年到來前，將 Space Hotel 發展成連鎖酒店，在各州旅遊景點開設二十家太空酒店，為馬來西亞旅遊業和經濟做出貢獻。

　　我的公司有一面牆，展示著一幅世界地圖，每次看到這幅地圖，我都很感動並且感觸良多。我如今的目標是要盡最大的努力帶著團隊去更多的國家旅遊，再引領 AmLeisure 衝出國際，讓世界能夠認識到馬來西亞獨特的旅遊魅力。欲成為馬來西亞旅遊業者先驅，AmLeisure 集團旗下的旅遊平臺 GoTraz，是我藉助社交媒體以及網絡營銷，開發獨特的旅遊體驗，把最新潮、最火熱的馬來西亞帶給全世界。「一味打價格戰沒有意義，唯有與眾不同和持續改進服務質量，才是生意能做大做強的王道。」

投身公益服務《取之社會，用之社會》

現在的我，已年過四十，心態上有了很多改變，尤其我上了各種心靈提升課程，我相信宇宙的力量和吸引力法則，時刻保持正能量，便一定能吸引美好的人事物。

每一天的行程表，我都排得滿滿的。認識我的人皆知道我熱心並活躍於公益服務，我記住父母的教誨，《取之社會，用之社會》。因此，我在踏入社會不久，我就進入了馬華堂開始活躍於公益服務，我已經在馬華堂十年之久，目前，我是馬華堂副會長及女將團主席。在馬華堂總會長拿督斯里蔡志權博士的帶領下，我們以一群人的力量，生命影響生命，影響更多的人一起來為社會做出貢獻。包括我們每個月有去孤兒院及老人院做慈善活動，同時也曾邀請一千人，來自單親媽媽及多家孤兒院一起主辦慈善畫展，讓小孩實現他們的夢想，這個舉動還被列入到大馬紀錄大全（Malaysia Book of Records）。

除此之外，疫情期間我加入了馬來西亞中小企業公會。目前，我擔任馬來西亞中小企業公會（SME Association of Malaysia）全國副總會長，希望能幫助更多的馬來西亞中小型企業拓展海外

市場，提升競爭力及帶動馬來西亞經濟。包括疫情期間與政府
機構如曾與社會保險機構（PERKESO）合作，通過旗下臉書粉
絲專頁直播，為國人針對薪資津貼解惑；同時也帶動中小企業
公會進行籌款活動，為醫療人員捐贈口罩、防護衣等。

消費者的認知越來越高，科技發達、資訊明朗化，讓大家
隨手可得第一手消息。創業最大的挑戰就是要跟著市場和經濟
趨勢去做出改變。身為乘風破浪的企業家，我經歷了旅遊業發
展的數個階段。我絕對有經驗、能力以及專業去應對任何問題
和挑戰。

然而，一個人如何要強，都無法自己完成所有的事情。這
些成型的里程碑，不止來自自己內心足夠的信心和信念，也要
感謝許多貴人相助尤其是我的企業導師拿督威拉邱芛訸博士
《Datuk Wira (Dr.) Calvin Khiu》及心靈導師蔡寶珠老師，以及
一直跟隨自己發展的團隊，我深信團隊的力量，每個人的優勢
和能力可以互補，一起將企業發展到更快更強。

一起創造最愛美的馬來西亞

認識卓老師已經十餘年，之前對出書還沒有太大的興趣。但是，我超喜歡這個主題，一股熟悉的感覺湧上心頭。深入心靈對話的訪問，讓我重新審視自己的初心。

我不停思索過去種種，我感到幸運的是，我那份初心依然堅固。對我而言，我的核心價值觀就是做人一定要有實力，不論遇到什麼樣的問題，堅守初心又讓我們具備了應對一切挑戰的底氣和勇氣。

媒體領域對我來說是不可或缺的一部分，更是我事業的基石。不管我如何轉變經營方式，但仍舊在媒體事業中尋找新出路。當媒體結合旅遊，再加上企業社會責任，這個力量似乎來得更大、更有意義。我希望讀者們可以被啟發到，選擇比努力更重要。我們一定要有想法和方向，人生處處充滿驚喜。勇於追夢，以行動追夢，盡全力去完成，就能成就自己和他人。

我會盡最大的努力繼續秉持著正能量與專業的態度，還有豐富的旅遊經驗，繼續推廣國內旅遊業，為我國帶來更多主題

初 ORIGINAL INTENTION 衷

性及創意性的旅遊產品，吸引更多外資。深度旅遊是未來的趨
勢，我會順應這個趨勢去改變我們的生意模式，融入更多大自
然生態、ESG 以及教育旅遊元素。

　　我去過很多國家，還是馬來西亞是最好。我希望我的十六
年歷練分享能夠起到影響力，讓大馬企業界新起之秀少走彎路
之餘，再一起實行企業責任，回饋社會。

拿督潘艷虹關於初衷的十句話

01. 女人要有兩個心，一個是慈悲心，一個是好奇心

02. 我們做人還是做事，都要做專，方能踏實

03.「正能量」和「專業」是爲人處事的基本原則

04. 唯有勇於創新，比他人更快走出一步，就有機會成爲業界第一

05. 奇蹟是創造出來的

06. 保持初心，方得始終

07. 工作就是旅遊，旅遊就是工作；關係是玩回來的

08. 企業家要懂得感恩身邊的人

09. 成功的企業除了能賺錢，還要能創新及有影響力

10. 發揮影響力，回饋社會是最重要的

初 ORIGINAL INTENTION 衷

「星盤」雖有定調軌道，
仍逆風前行活出自我的光芒

篠　　　安

✳ 關 於 篠 安 ✳

現　　職　中國文化大學推廣教育部 現代占星學講師

　　　　　中國文化大學 廣告學系 畢業展 星座專家

　　　　　【聖天使塔羅】創辦人

　　　　　「POP Radio」廣播節目星座專欄 特約作家

　　　　　2024 台北艋舺龍山寺 農民曆 星座專欄作家

　　　　　「光的課程」教師

　　　　　「品觀點」「旺好運」紛絲專頁 星座塔羅專欄老師

　　　　　「Encore」安可好日子 粉絲專頁 星座老師

　　　　　「算算」APP 平台 占星塔羅師 / 星座專欄作家

　　　　　中華五方五術協會 常務理事

　　　　　2011 年「光的課程」創辦人 Toni 女士「光的課程

　　　　　教師研習營」習修畢業

　　　　　習修擴大療癒法 一階

　　　　　習修天使靈氣 一階、二階

經　　歷　輔仁大學英國語文學系畢業

　　　　　光譜資訊股份有限公司 遊戲企劃

日商帝技爺如股份有限公司 遊戲企劃

遊戲龍數位科技有限公司 資深遊戲企劃

唯晶遊戲科技有限公司 資深遊戲企劃

飛擎數位科技有限公司 企劃總監

塔羅卜卜風 塔羅占卜師

台北大同運動中心 塔羅講師

台北救國團 古亭中心 星座特約講師

桃園聖保羅醫院 職能課程講師

台北經國管理學院 塔羅講師

moondi 平台 星座專欄特約作家

中正社區大學 心靈牌卡講師

2014-2020『天使之愛』公益活動園遊會發起人

座 右 銘　生命有時須透過錯誤的方式來學習

聯 絡 方 式　angieyang0118@gmail.com

「每個人都能活出眞正的自己 找回內在力量」

「我一直以為，能和你牽手走過白頭。」

坐在汽車副駕的我，失聲痛哭了出來。

當時的丈夫，顫抖著握住方向盤，駛入戶政事務所門口。

那年，我三十五歲，離開了結縭七年的婚姻，原本那年，我準備好成為一位母親。

小時候的作文題目：「我的志願」，很多同學都希望能成為受人景仰的「老師」，而我在作業本裡，只默默地寫下四個字：「家庭主婦」。

我覺得，像我如此平凡的人，當個家庭主婦便心滿意足了。

卻也料想不到，在我三十五歲那年，遇上了占星學行運所提及的「三王星之戀」，當兩顆外行星的交會，徹底改變了我的一生。

原是位衣食無缺的遊戲公司老闆娘

　　大學畢業後的我，因無緣進修我想攻讀的戲劇研究所，我便轉往投入童年時的興趣：「遊戲電玩產業」，成為了一名「遊戲企劃」。我將對戲劇的熱情，寄情在人物刻畫的撰寫上，編纂出一部部的遊戲腳本。當我看見自己的故事躍上電玩遊戲時，似乎也安慰了自己那顆無法成為演員的靈魂。

　　我也在遊戲產業結識了我的前夫。他是位優秀的工程師，對我照顧有加，後來我們開了間遊戲公司，與遊戲橘子合作研發國產遊戲。當年的我們，被同業戲稱遊戲界的「神鵰俠侶」，我撰寫的作品也得到「經濟部數位內容雛形獎」以及移植美國「XBOX」電玩主機的肯定，曾幾何時，那是個十分風光的年代。

　　但好景不常，公司收掉了，前夫依然非常疼愛我，要我在家陪伴貓咪，不用上班，連親戚們都笑稱我好命，我成了十足的「閒妻」。而我也決定一圓小時的夢想，準備懷孕，成為一名不折不扣的家庭主婦。

　　不修邊幅的我，加上前夫的不嫌棄、及日夜顛倒的研發生活，讓我成為不折不扣的胖子。曾經夜以繼日趕專案的情況下，工作壓力只能透過吃來發洩，讓我的體重一路飆升至八十三公

斤。三十四歲那年，站在鏡子前面的我，突然意識到不能任由
自己胖下去，便開始執行一連串的減重計畫。

　　我運動健身、節食，甚至開始上網購買一些不曾穿過的女
裝。原以為這樣的改變能得到前夫的肯定，但前夫卻對我頻頻
搖頭，他主動幫我拍照，並指著照片中的我說：
　　「妳看！妳的穿著與外面檳榔西施沒什麼兩樣！」

　　「改變，不是件好事嗎？」我心裡納悶著。
　　接下來，我報名社區大學的劇本班，社大老師看完我的劇
本，鼓勵我去唸研究所，我開心地向前夫分享這份喜悅，但他
卻皺著眉頭說：「我們未來的事業，不需要妳去唸研究所，妳
只要待在我身邊，就夠了。」

　　躺在床上的我，看著身旁前夫熟睡的臉龐，我問自己，如
果就這樣過了一生，臨死前嚥下最後一口氣，會不會有遺憾？
　　「會！」
　　心裡的那份肯定的聲音，讓我從床上驚醒。

因網路交友離婚，人生全面歸零

某天，我的生活依舊，看著前夫出門、陪著貓。無聊的我便上了當時流行的網路聊天室，在那裡，認識了改變我一生的男人。

一位匿名叫「螢光棒」的男子，在聊天室敲了我，我不疑有他，跟他交換了當時的 MSN，就這樣聊了起來。由於我們共同的興趣是釣魚，頓時非常投緣，細問之下才知對方在台南釣具店上班，經常帶顧客們海釣，這樣的生活讓我羨煞不已。接著他跟我要了電話，當電話響起的瞬間，迎面傳來是充滿磁性成熟的男人聲音，我頓時全身顫抖發麻，心頭小鹿亂撞，那是一種不曾在我前夫身上感受到的悸動。

於是，我們開始每日的熱線，前夫前腳才出門，電話便立刻響起。就在我生日當天，我凹不過他的頻頻邀約，失心瘋地跳上了高鐵，到台南見他。一下車站，映入眼簾的，是位滿臉鬍渣、腳穿藍白拖鞋、皮膚黝黑的男子，他害羞地抓了抓頭，遞了一束玫瑰花給我

「這個送妳，我在市場買的。」

90

我接過他的玫瑰花，此時我明白，自己已踏上了不歸路。自此之後，三不五時，我便偷偷坐高鐵去台南，再趁前夫下班前回台北。每天魂不守舍的等待他的電話與簡訊，這樣的異狀沒多久被前夫發現了。西洋情人節當天，前夫紅著眼眶，跟我坦承他看見高鐵的票根，希望我能與對方斷聯。當時的我滿腦子全是對方的身影，混亂的我無法思考，只想先回娘家冷靜。

　　於是，兩個男人的戰爭從此展開，每天一早接到台南男子的電話，他用熱情的口吻，對我訴說愛意。晚上，前夫則帶著玫瑰花與巧克力到門口，並向我保證，只要我回心轉意，可以不生小孩。

　　我在那名台南男子身上，感受到前所未有的熱情與自由，他鼓勵我做自己，我希望前夫多給我些時間考慮，但前夫僅給了我兩周的時間。兩周過後，他面無表情的交出了一張離婚協議書，並要求我雙親當見證人，他只對我父母說：「她已經不是我當年認識的妻子了。」

　　當戶政人員交給我們新的身份證時，翻開身份證的背面，看見配偶欄清空的一瞬間，腦海中浮現了一隻金絲雀，打開了

初 ORIGINAL INTENTION 衷

籠子，飛了出來。

脫離籠中鳥 以爲找到眞正的依靠

　　恢復單身的我，很快地陷入熱戀模式，我自由了！可以暢行無阻的談戀愛。我找了份新工作，每周五迫不急待地跳上客運，坐上四小時的車程，只為了去陪伴那位生命最重要的男人。

　　台南的他，香菸檳榔不離身，操著台灣國語及三字經，與我前夫的白領階級截然不同。周圍親友心想，我瘋了嗎？怎麼會愛上他？或許內在渴望自由的靈魂，被這位台南男子放浪不羈的個性所吸引。

　　我開始幻想未來與他共組家庭，但漸漸地，他開始數落我、嫌棄我的穿著，三個月後，他告知要到中部出差，手機會常關機，要我別跟他聯絡。

　　一開始我單純地相信，但女人的直覺總是很準。在十月的某天，我登入了當初我們認識的聊天室，在他的留言版上看到

一些曖昧對話，當下覺得異狀，便跟公司請假，跳上了高鐵直奔台南。當時的我全身不停顫抖，緊抓著椅背詢問自己，如果真的抓到他偷吃，我是否會想不開？

南下當場抓姦 網路戀情賠上婚姻與工作

到了他的住所，按了門鈴沒有反應，正當下樓時，樓梯轉角處看見他的身影，但他見到我的第一反應卻大喊：

「快跑！」

正當我喊「站住！」的同時，我見到他與一位女子的身影。諷刺的是，他身上穿的，正是情人節我送給他的衣服。

這是我有生以來，第一次打人巴掌。

俐落的掌聲在樓梯間響起，我嘶吼著問他為何要這樣對我？

他只淡淡地說：「我們一直吵架，反正一定會分手。」

旁邊的女子淡然地拿出鑰匙說：

「你們先進去再好好聊吧。」

走進去一看，才驚覺衣櫃裡我的衣服全不見了，變成這女

初 ORIGINAL INTENTION 衷

子的衣物。女子往廚房走去，拿起菜刀上演自殺戲碼，台南男
子隨即將女子抱起，直奔臥房鎖門，獨留我一人在客廳。他努
力安撫那名痛哭的女子，無視我的存在，最後隔著門對我說：

　　「妳先坐車回台北！改天我再上去跟妳、還有妳爸媽交
代。」

　　交代？交代什麼？我傻笑著，但我卻像個活死人般，失魂
落魄地搭高鐵回去。

　　原來台南男子，與我交往三個月後，在網路聊天室繼續搭
訕其他女生。

　　我問道：「為何這樣對我？我甚至為了你而離婚。」

　　男子只淡淡地說：「我已把妳從婚姻的魔掌中救了出來，
現在我要去拯救其他的女人。」

　　叼著菸草，台南男子沒有任何悔意，他自認是愛情中的「拯
救者」，拯救網路上那些婚姻不幸福的女人。我僅是他其中一
個「戰利品」。而我為了他，白白葬送了婚姻家庭與工作。

寄情於網路交友療傷 靠失業救濟金過活

　　當時單純的我，與對方分手時，還在電話中含淚的開口說：「祝你們幸福。」

　　然而我的心彷彿破了個洞，我曾試著到泰國上身心靈成長課程、到美國散心、甚至老闆派我去上海出差，藉此忘掉這段痛徹心肺的回憶。然心裡的黑洞帶來的效應，卻是一連串的沉淪與墮落。我開始迷上網路交友，希望透過認識網友彌補傷痛，但卻越補越痛。期間，甚至在網路上遇到幾位騙財騙色的渣男。

　　工作方面也不盡如人意，雖然我被挖角到一間半導體產業當產品經理，但因當時無心工作，鎮日只沉溺在下班後要去見哪位網友，很快我失去了這份高薪的工作，最後靠失業救濟金過活。

　　感情沒了，工作也落空，我能往何處走？二〇〇八年，我失神地走在西門町街頭。無意間，瞥見了一個閃爍的招牌：「塔羅占卜」。那是我初次接觸塔羅牌，萬念俱灰的情況下，才得知透過西方占卜，可以預知未來，塔羅牌便成為我的「浮木」，不定期算牌成為我的心靈寄託，當時甚至期盼透過占卜，能告

訴我前男友會回心轉意來找我。

不可逆的天生「小三」命？
卻又擁有當「老師」的天命？

某日，一位老師透過星盤，提及在我一生當中，感情不僅不順遂，甚至只能成為「小三」命。

我感到震撼與疑惑，「難道人的命運是不可逆的嗎？」在好奇心的驅使下，我找到了她推薦的老師：「珈嘉老師」。珈嘉老師看到我的星盤，便問了我一句

「篠安，妳要不要當老師？成為一位助人工作者？」

老師？我苦笑著，我怎可能成為一位老師？何況現在感情亂七八糟，滿身創傷，怎可能去幫助別人？

從星盤解讀到自己的「三王星之戀」

　　但就在珈嘉老師的引領之下，我開始接觸「大天使卡」及「光的課程」、學習「現代占星」。我才驚覺原來多年前心靈探索之旅便已開啟。二〇〇五年，透過小學同學雅麗引薦，光的課程早在心中萌芽。透過占星學，我才明白二〇〇八年為何會離婚。原來當年前夫與台南的男友，都同時進入了所謂的「三王星之戀」的行運。這個感情行運不僅會發生多角戀情，也會帶來婚姻的考驗。當時正經歷的是前夫與台南男友的「天王星之戀」，「天王星之戀」如同它的名字，充滿刺激與挑戰，來得又快又急，有些人可能在經歷天王星之戀時，愛上不該愛的人，瞬間一頭熱的投入感情，但當行運過了之後，再度清醒。每個人一生當中，都會遇上好幾段「三王星之戀」。後續幾段的感情，我依然受到三王星之戀的洗禮與試煉。

尾牙活動當晚 開啟特殊能力

　　眼看失業救濟金的時限即將到期，我得趕緊填履歷找工作，但昔日的我頂著前夫的光環，才能有好的談判籌碼。離開了前

97

夫，我才明白，過去的我僅是依靠前夫的「溫室花朵」，無法獨自在科技業生存。

苦惱找工作之餘，周圍的朋友偶然得知我學習了「大天使卡」，就這樣的口耳相傳，陸續許多人邀約找我算牌，朋友們都對我的牌卡精準度嘖嘖稱奇。二〇〇九年初，接到了一份企業尾牙的邀約，擔任尾牙占卜師。在當晚，我身上敏感的天線被打開，我不僅能夠感應到對方的狀況，甚至可以聆聽到大天使們的訊息。

擁有了這項特殊能力，朋友都鼓勵我成為一名老師，但「老師」這個名詞對我而言過於沉重。雙親擔心我的生計，希望我能接下他們擺攤賣餅的生意。就在準備接下雙親的事業時，遇見當年的塔羅啟蒙老師：「小孟老師」，擁有敏感體質的他，是第二位提及我有成為「老師」天份的人，小孟老師提及我有圖像解讀的能力，並邀請我成為他的學生。

每當我灰心喪志、想重返科技業之時，總會有一股無形的力量把我帶回身心靈領域。離開占卜店，站在捷運站門口，我詢問天們的建議，隨手抽了一張大天使卡，出現了「諮商師」

這張牌。「大天使」透過牌卡，再度提醒我往這條路邁進。於是，我鼓起勇氣，踏上占卜師之路。

微薄占卜收入 靠臨時演員打工過活

當年塔羅老師的收入極為微薄，十多年前塔羅牌極為稀有，客戶絡繹不絕，每位老師幾乎要算上幾十位的客戶才能休息，而「算牌」是項十分耗費精氣神的工作，有時甚至會被客戶負面磁場所干擾。記得有次我算了將近一百名客戶，回家倒下便開始發高燒。

當占卜師的月收入不到 17K。二〇一〇年，我認識了一位擔任臨時演員的男友，或許對演戲仍有些憧憬，也希望增加收入，我便開始參與「臨時演員」的工作，有時一整天在片場等待十幾個小時，只為了五百元的通告費，卻可能一個鏡頭也沒有。我仍記得當時一邊看著「秘密」這本書，一邊坐在板凳等候臨演的通知。當時的我相信，或許可以走出一片屬於自己的天空。

二〇一一年，在大天使們以及老師的引導下，我在「永和

初 ORIGINAL INTENTION 衷

樂華夜市」格子趣，正式有了一個屬於自己的據點。然而當身
心靈事業開始起飛之時，我的感情之路並沒有因此而順遂，三
王星之戀的修練依然持續。

經歷兩次家暴 男友動手打員工

　　二〇一〇到二〇一四年期間，我經歷了幾段三王星之戀，
曾有位患有精神分裂症的男友，病情發作時，對我破口大罵，
有次把我打成腦震盪送醫。曾有一回，我在店裡算牌，突然夜
市的攤商衝進來大喊：

　　「救人啊！塔羅牌老師的男友打人啦！」

　　我趕緊飛奔至門外，男友正發瘋似的打傷店裡的工讀生，
我哭喊並跌坐在地上，不明白自己為何遭遇這種事？此刻接到
了客戶的手機訊息，原來客戶親眼見了這一切，專程留言給我：

　　「篠安老師妳辛苦了，但請妳不要消失，因為未來，妳會
救許多人。」

看著客戶的訊息，大顆的眼淚忍不住掉下來。

在永和樂華工作室的頭幾年，表面上或許是客戶景仰的老師，但我常在上一分鐘才接受男友的言語暴力，下一分鐘便含著淚騎車趕往樂華接個案。

有次半夜，外頭仍下著毛毛細雨，我被男友踢傷了肋骨，男友冷笑地說：

「給我滾，不要死在我家裡。」

我倉皇的從他家中逃出夜奔醫院。當警察詢問我是否要申請保護令之時，我按著隱隱作痛的肋骨，才驚覺，我無法治癒這些男人，我無法成為一位「救贖者」。或許因為我的外遇重傷了前夫，我才把「拯救他人」成為我的「十字架」，寄望用這樣的方式贖罪，懲罰自己。

當時，曾有位同行老師戲謔地對我說：

「篠安，妳感情都搞成這樣，如何成為一位好老師？」

曾經好幾度，懷疑自己是否有資格成為一位老師？但每每感情受挫的同時，諮詢工作卻持續不間斷的上門。每當我想放棄，都會有客戶登門現身，而前來諮詢的客戶，大多以感情困

擾為主。因此，我開始透過自己的實例經驗，分享客戶我對感
情的想法。漸漸地客戶數越來越多。

飛蛾撲火 成了預言中的「小三」

或許上天要我去體驗人世間各式各樣的情感，在諮詢的過
程中，我聆聽客戶的感情問題，大多時候我都不帶任何批判，
並懷著同理心陪伴客戶走過這些情感的課題。然當時，我唯一
不太能接受的感情關係，便是女性客戶當人家的「小三」。

當時的我，無法同理這些當「小三」的客人、甚至嗤之以鼻。
明明有這麼多男性對象，為何又要這樣糟蹋自己？這也讓我憶
起當年，那位老師稱說我是「小三命」的記憶，我笑著：「怎
麼可能？」

命運總是如此捉弄人，二〇一四年秋天，我遇見一位正在
經歷「海王星之戀」的對象，而對方正是一位人夫。我以為過
去的情傷，已足夠讓我頭腦清晰、不再犧牲、成為戀愛中的小
白。但我仍像是飛蛾撲火般，深陷感情的漩渦。二〇一五年，

就在一次小產之後，如同墮入了黑暗的深淵，我多次吞藥自殺未果，最後被醫生宣判送至療養院。

幾度自殺獲救 被送進精神療養院

二〇一五年的夏天，我被關進療養院靜養三周，期間我與一群精神病病友住在一起。這段特殊暨深刻的人生境遇，日後也讓我下定決心，成為一位助人工作者。

當時的我與三位病友同住一房，病房門禁森嚴，病患的手機通通被沒收，甚至連一支鉛筆或電話卡，都要向櫃台申請。但當時的精神科主任卻認為，我是最不該住院的人，因為我根本沒有病。主任甚至對我說：
「楊小姐，妳根本在浪費醫療資源。」

住院三周期間，彷彿被囚禁在白色監獄，每天看到病友發瘋失控、被醫院的保全「四大金剛」抬至「緊閉室」反省。病友在醫院被集中化管理，每天必須在護士面前，親口吞下所有的藥才能就寢。家屬僅能在特殊時間探視，帶來的物品都得打

103

開檢查，如果期間表現良好，才能集體行動到頂樓曬太陽。

　　住院期間給予我肯定的，是我的心理師「峻賢心理師」。峻賢心理師電話中鼓勵我，並建議我可以嘗試閱讀與寫日記。每天早上，我等待櫃台護士發給我的鉛筆，開始我的每日筆記與繪畫。漸漸地，病友對我感到好奇，開始跟隨我的腳步。有時，他們會在我病房前排隊，喊我一聲：

　　「楊老師，我可以跟您聊聊天嗎？」

　　在療養院的三個星期，才親眼見到目前醫療體系是如何照顧這群「邊緣人」，或許他們都是精神病患與思覺失調患者，醫護人員不與他們交談，我便成為了病友們的聽眾。我曾陪伴一位精神分裂症的小朋友畫畫；聆聽一位厭食症女孩的苦惱，甚至協助一位病友，找出她吞上幾百顆安眠藥的主因。然這些事情卻傳到了精神科主任的耳裡，惹火了他，我再次被傳喚到他的辦公室，主任震怒的指著對我說：

　　主任：「楊小姐！妳不是醫生，怎麼可以讓病患依賴妳？！」

　　我憤怒的說：「我只是陪他們聊天而已，這樣也錯了嗎？」

　　主任：「妳根本在介入我們的治療，三周期滿妳趕快給我出院！」

我只是想陪伴這些病友，這樣也錯了嗎？

當我很沮喪地打給峻賢心理師時，他對我說：

「妳本來就是老師，沒有錯啊。」

當時才明白，即使住院，骨子裡仍流著渴望助人的血液。

三周之後，我出院了。如今想起，我很感謝當年在療養院的日子，在短短的二十一天，讓我初次貼近這群弱勢團體，並了解他們的境遇。而我也更感謝那位痛罵我的主任，也因為他讓我想變得更堅強，更想成為一位真正的助人工作者。

正式領受成為助人工作者 轉往專業教學

二〇一六年開始，我的工作逐漸轉往教學領域，並正式成為「光的教師」，開始帶領「光的課程」。二〇一八年，我接受中國文化大學的邀請，開始擔任現代占星學講師，傳遞占星學的知識。很多同學初次踏入占星學領域，都被宿命的觀點想

法所束縛，當有同學問我：

「老師，命運是無法改變的嗎？」

我很慶幸第一次接觸占星，是「現代占星學」。現代占星學不強調宿命論，我們每個人都有一張「本命盤」，會跟隨我們一輩子，但我們也可以超越本命盤的配置，屆時不會再受到本命盤的框架與限制，活出真正的自己。

每當我分享三王星之戀的案例給學生時，大家都擔心遇到這樣的行運，皆渴望能趨吉避凶。但當我們經歷了這些行運（如：三王星之戀），我們更應該相信，其「行運」的目的，是為了成就更好的自己。

當我持續往教學領域邁進時，不斷支持我的精神支柱、我的父親病倒了。我萬念俱灰，又遇到經濟上的瓶頸，正想結束永和店面時，弟弟德祥伸出援手對我說：

「姊，妳都在永和樂華這麼久了，堅持下去。」

我便持續進行教學與諮詢，然父親的病情每況愈下，幾次傳出病危，我在榮總一邊寫著教學講義，一邊在家屬休息室等候探視。二〇一九年，父親病逝，父親的離世，讓我對生命有

不同的見解。看著父親微笑的照片,憶起二〇一五年住進精神療養院的我。「生死有命」,如果老天當時沒有帶我走,是否還其他的任務,等著我做?

　　或許受到天上父親及天使們的庇佑,二〇一九年開始,我的教學領域開始轉往中國大陸,並陸續在上海、山東及黑龍江帶領光的課程。二〇二〇到二〇二二年遇上了 Covid-19,店面幾乎停擺,但藉由「clubhouse」平台,開啟了線上教學,陸續有海外學生跟我習修各項身心靈課程。我將占星學、塔羅牌、天使卡、以及光的課程分享至海外各地,北至德國,南至澳大利亞。

隨時「歸零」的準備 客戶是自己的貴人

　　人生的道路總是峰迴路轉,二〇二一年,正當教學事業進入高峰,我再次受到「冥王星」的試煉,先是車禍被撞到「腦出血」住院。某晚下課後,母親因敗血症緊急送醫,幸運的是,母親住院三周後康復了,但也由於擔憂母親的健康,加上疫情影響,我忍痛收掉努力經營十二年的店面。儘管內心有許多的

107

不捨，但「冥王星」的功課正是教會我們要「臣服」，因為人生，隨時可能會「歸零」。

　　一路走來，服務了幾千名的客戶，他們有些從青澀的少女時代詢問感情困擾，經歷失戀、結婚生子、最後帶著孩子來店裡看我。陪伴這群客戶成長，其喜悅無法用金錢衡量。成為老師至今已進入第十五年，期間我經歷多次低潮與感情風暴，每當想放棄這份工作時，都會收到客戶的求救，提醒自己是位「老師」，打起精神協助他們解決問題。當我協助客戶的同時，我也等同療癒了自己。

生命有時須透過錯誤的方式來學習

　　當年的離婚，讓我感到卑微與無助，甚至丟盡了親友的臉。但我仍記得過世的表弟明明（子瑜）曾對我說：

　　「姐！現在都什麼年代了！活出妳自己。」

　　如果有人問我，後不後悔離婚？這一切其實都是出於自己的選擇。但我可以說，**「我比較喜歡現在的自己」**。我很感謝

當時放手的前夫，而後來他也遇到比我更適合的伴侶。

現在的我，可以毫不忌諱地在手上刺青、做我熱愛的工作，雖然經歷不少創傷，但是每道傷口，成就了現在的自己。我感謝過去曾經傷害我的人，他們增加了我生命的韌性與厚度，讓我能繼續懷抱「初衷」，去做我熱愛的助人工作。

希望每位朋友，不要害怕犯錯、不要怕走錯路，你在這世上是獨一無二的，請勇敢成為自己生命中的主人。

初 ORIGINAL INTENTION 衷

篠安老師關於初衷的十句話

01. 卽使痛苦，你還是可以一邊掉眼淚，一邊往前走。

02. 人生僅有一次，你可以勇敢的做自己。

03. 傷害你越深的人，只是爲了成就你偉大的靈魂。

04. 靈魂的功課沒做完，它會持續在你的生命中出現，直到你學會。

05. 過去的愛情與婚姻，只是爲了讓你學習如何去愛。

06. 成功的人必須努力，努力的人不一定會成功。

07. 離婚並不可恥，只是生命中一個愛的選擇。

08. 放過他人，等同放過你自己。

09. 這世界上沒有「錯」的選擇。

10. 「助人工作」也是一段療癒自我的旅程。

110

初 ORIGINAL INTENTION 衷

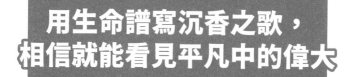

用生命譜寫沉香之歌，
相信就能看見平凡中的偉大

廖　建　明
（David Liew）

✳ 關 於 廖 建 明 ✳

現　　　職　　DAdvance Agarwood Solutions (簡稱"DAAS")
　　　　　　　　集團創始人兼董事經理

經　　　歷　　曾管理保齡球相關的公司
　　　　　　　　曾從事棕油種植行業
　　　　　　　　2008 年：與朋友合資開了一家沉香培植技術公司
　　　　　　　　2019 年：創辦了 DAdvance Agarwood Solu-
　　　　　　　　tions 有限公司，一家專注於沉香產業的生物科
　　　　　　　　技研發和文化傳播的集團
　　　　　　　　2019 年：成功開發出了一種名為 Dadvance
　　　　　　　　Agritech Vaccine ("DATV") 農業科技疫苗
　　　　　　　　2020 年：創辦了南洋沉香品牌

座 右 銘　　【先相信，後看見】，無論什麼事情，最重要是堅
　　　　　　　　持信念。我常跟自己說，如果要做，就得做到最
　　　　　　　　好！不要放棄，往前走！

個 人 網 站　　www.nycx.com.my

用堅持打造沉香王國的匠人
是什麼魔力可以讓看似溫文儒雅的他用了將近大部分人生的光陰去證明沉香的價值？
又是什麼讓他決定堅守這個使命和初衷，越戰越勇？

　　我是大家口中的"香蕉人"，廖建明（David Liew），於一九七五年出生在馬來西亞雪蘭莪。從小到大都是接觸英文教育。沉香這個行業讓人聯想起"很華人"的感覺，但是可笑的是，我這個沉香企業的創始人是一個連正規中文都沒有學過的香蕉人。我是直到約三十歲才開始接觸中文，通過不停地聽和不斷地講練習，到現在幾乎每天都是以中文交流。直到現在，依舊保存著很重的口音。

　　由於出生寒門，我自幼就需要自食其力，十一歲開始就打工賺取生活費。我們一家靠父母雙手經營一家洗衣店的單薄收入維持生計。即使生活嚴峻，我自幼就獲得雙親和兄弟姐妹的疼愛，他們從來沒有打罵過我，造就了我今天心中充滿愛與溫柔的性格。其實，我以前的脾氣也不是很好，只是我知道生氣是於事無補的，因此我都會把脾氣壓下去，自己想辦法去解決

114

所有不順心的人事物。

　　雖然自小沒有辦法去補習，但是我的學習能力超強，我也很喜歡運動，幾乎所有球類運動我都嘗試過，甚至可以掌握高超的技巧。運動是一項很需要高度專注的事情，這也是我喜歡運動以及享受這個過程的因素。專注永遠是一個人人都懂但是不是所有人都可以認真和堅持做到的習慣。我過人的專注、堅持和學習能力讓我在每一項全新接觸的球類都可以在短時間內得心應手。

　　當中，我對運動的執著的原因之一，其實就是我想藉助這個事情向別人展示自己的能力並證明給別人看自己能做到，而且還要是做得最好的那一個。在一個機會下，我接觸到保齡球，在學習天賦以及專注的情況下，我很快就把運動天賦發揮到極致，並在中學時期贏了很多大大小小的比賽。那段時光的巔峰時期可謂是一時無兩。

　　直到中學畢業後，家裡的生活依然沒有好轉，我需要繼續靠自己半工讀，賺錢升學和養活自己。最終，我選擇了進修電腦商務課程。其實早在中學開始到大學，我都收到很多協會和

初 ORIGINAL INTENTION 衷

公會的邀約加入他們的保齡球隊。我雖然知道我需要分配時間
打工和上課，但是我還是選擇加入校隊。正因為這個決定，我
每天都需要面對大量的訓練，導致我缺乏溫習課業的時間。在
沒有辦法溫習課業以及沒有補習的情況下，我的成績一度一落
千丈，簡直慘不忍睹。頓時，我明白要改變自己的人生和改變
家人的生活，我一定要依靠好的成績去爭取到一份好的事業。
自此，我放棄了保齡球，開始一心一意專注於我的課業。這個
堅定的心讓我最後順利以優異的成績考取我人生中的第一個
文憑。

　　畢業之後，我開啟了打工生涯。我輾轉換過了好幾份工作，
也做過小生意。在我二十歲左右，我去了北馬吉打州的一個小
鎮做起保齡球相關的管理工作。雖然我很熱愛保齡球，但是我
發現管理這門技術不太有發展空間。然而，這段打工生涯的過
程讓我學習到很多我沒有接觸過的東西和寶貴經驗。經過這個
過程，讓我更篤定了自己內心的感受，其實，我內心有一團火
在呼叫我，我懷揣著大夢想，立志創業，期望能過上心目中的
理想生活。我真的很想要盡快打開眼界，接觸更多不同的領域，
從而找到自己的熱愛，然後創業找到人生的第一桶金。

由於自己是"香蕉人"的關係，我在接觸人的過程中經常遇到一些瓶頸，也很難找到共鳴。慶幸的是，我沒有因為這個短板而交不到女朋友。我還記得那個時候，我大約三十歲，我才開始接觸廣東話和中文。我與我的前女友都是用簡單的漢語拼音交流，同時我非常需要依賴著翻譯軟件。幸運的是，我現在除了可以用中文交流，我也會看約 50-60% 的中文字。對我而言，這是一個很大的突破和進步。

　　在我離開了保齡球行業後，我開始接觸棕油種植行業，從事市場行銷一職。這個行業讓我開始學習不同領域和範疇。之後也成功將這個經驗延伸到一家咖啡館的管理上，我成功在短短六個月內將該店的業績從馬幣 RM10,000 變成了馬幣 RM100,000。

人生最大的轉折點起於一瓶沉香香水

　　前面敘述了那麼多，不是要賣慘，而是想要讓大家可以有畫面感，去想一想一個那麼"英文"的人是如何變成那麼"中文"的。好了，我現在會正式進入到主題，帶你看看我如何踏

117

入到沉香行業。

在二〇〇八年，我陪一名遠道而來的朋友到吉隆玻的金河廣場購買香水時，我被他所購買的小小一瓶的香水的價格震驚到。後來才得知這個要價馬幣 RM300 的香水叫作沉香香水。那個時候對沉香二字完全沒有概念。一開始我對這個氣味有點抵觸和抗拒。想不到的是，之後當氣味沉澱了，我再聞的時候，淡淡的木質香味就征服了我。那個感覺到現在還歷歷在目，一聞就頓時感覺到很舒服和平靜。

在好奇心的促使下，我開始研究沉香這一個陌生的行業。那個時候的沉香已經可以賣到上萬美金。對一個出身貧窮的我來說，這些都是天價，而且感覺很不真實，毫無邏輯可言。在不停追問和發掘更多沉香不為人知的價值之後，我開始不可自拔，愛上這個行業。

出外遇貴人，也許是吸引力法則，我成功在一個朋友的介紹下，到一家經營沉香投資公司的市場部工作。這家公司與馬來西亞某大學合作，這也促使了我有這個近水樓台的機會，接觸到研究沉香的專家，在他身上學習到更多關於沉香的基本知

識。然而，完美的事情沒有在我的身上發生。我發覺這家投資公司有點不妥，之後更被公司拖欠了我三個月的薪資。在無法繼續耗下去的情況下，雖然只接觸沉香知識一年，但是我毅然決定與另外兩名夥伴一起離職，帶著對沉香的愛與執著開啟創業之路，三人一起成立了新公司，經營沉香事業。

我們達成共同的理念以專注於結香方面的科技。人在抱著夢想出發的時刻，是多麼對前景抱有希望和幻想。然而，這個積極和正能量是無法當飯吃的，而它們只在我們心裡呆了不到幾個月就揮之而去了。創業這一條路本來都是坎坷難行，更何況是在一個需要技術和大量資金支撐的行業。在糊里糊塗的情況下，原來我們三人已經六個月完全零收入。日子真的很拮据，欠下一大筆信用卡債務，我們三個人的三輛車也被迫賣出兩輛。那個時候的我們，吃了好幾個月的印度煎餅（Roti Kosong），偶爾就三個人共用兩包快熟面（Maggie Mee）。可想而知，這個心酸和迷茫不是每個人都能體會的。

皇天不負有心人，我們在沉香這一條路上依然看到希望。我將我在沉香結香技術公司以及接觸過的台灣技術的經驗，成功以馬幣RM15,000向一位專家購得具有菌種的酵素。這位專

119

家信心滿滿，他那個時候拍胸膛向我們保證這個技術肯定能成功。有了這個保證，我們開始去物色園主與我們配合。終於在吉蘭丹一個叫作 Gua Musang 的地方，找到願意合作的園主，將這個帶有專家和保證光環的酵素注入了該園主的 218 棵沉香樹裡。

我曾懷疑自己是帶"衰"的天生體質

人有三衰六旺，天真認為自己已經到了衰到可以"物極必反"的時候，不到三個月的時間，再度迎來讓我窒息的壞消息。在毫無預警之下，218 棵樹竟然壞死了大半，只剩下 108 棵。心裡頓時累積了多時的情緒，無論是失落、生氣、氣餒的情緒一下子湧上心頭。在那麼複雜的心情和難以收拾殘局的時刻，我卻發現原來是被這個無良的專家的假酵素矇騙了。為什麼受害的人是我，我卻還要故作堅強，忍痛去接受這個殘酷的事實。這個教訓實在太大了，大到連累身邊的夥伴和園主，我真的很慌、很自責。

雖然事情到了一發不可收拾的地步，但是對天生樂觀和有

耐心的我來說，我看到沉香的另外一個可能性，那就是至少還有 108 棵樹讓我們繼續"試錯"。這個教訓也讓我體會到凡事都需要自己親力親為，要先嘗試才能取得別人的信任。我愧對信任我的園主們，但我知道當下自己沒有資格自艾自憐。我平復了心情之後，決定放手一搏，依然相信沉香的結香技術能有效達到心目中的結香量。我不分晝夜，繼續去了不同的國家搜羅不同的結香技術，分別不同的程度和方式應用在剩下的 108 棵沉香樹上。事與願違，這些國家的結香技術依然無法滿足到結香率，這又是一個失敗的下場。

現在回想過去，其實我都不知道什麼信念能讓我堅持那麼久，而且是在沒有收入的前提下，無法預見的結果，依然堅信這一條路會迎來春天。直到二○一五年，我的兩位夥伴決定放棄並退出沉香行業。現實雖然很殘酷，我願意去面對，即使是孤身一人，就希望做到死而無憾的一天。因為，到今天我的辦公室還掛著一幅"先相信，後看見"的牌匾。我一直有很強的信念，相信我一定可以成功。這個自信和信念並不是毫無根據的，而是我的的確確看到沉香的價值。那一天，一定會來的！

先相信，後看見靈驗了

在這個時候，我認識到我的師父，他是一位對種植非常有經驗的人，他教會了我很多種植的知識，讓我掌握到更多要訣，一起研究酵素配方。我突然靈光一現，與其靠別人的技術，不如自己做啊！衝著這個信念，我積極參加很多不同的國際講座，接觸和認識更多沉香業內的專家和相關人士。真的很奧妙，當自己重新定位和出發，就吸引到對的人來到身邊。

在二〇一八年，我遇見了我事業上的貴人和夥伴，林國雄（Davidoff Lim）。在還未正式創辦我們的新公司之前，只因為我們兩個人都衝著"先相信，後看見"的信念，雖然那時候只看到 10% 的結香率，然而這個小成功卻足以燃起我們的希望。我們下定決心，抱著一不做二不休的態度，購買機器和繼續研發工作。我們有很大的信心，只要研發到一款屬於我們的結香技術，迎接沉香帝國的夢想和春天就指日可待。我們沒有其他選擇，若放棄了就意味著我過去的十多年心血和生命是白活的。一想到已經堅持那麼多年，也不甘背棄我的初心，所以依然選擇相信和堅持信念，繼續往前。

二〇一八年，屬於我們真正的轉折點終於來了。在我們懷著忐忑的心情去收成沉香的時候，我們這一次被眼前的一幕震撼了，甚至一下子給不出任何反應，仿佛有點不太真實。我們竟然達到 85% 的結香率。我們一開始只是打著每一棵樹有超過 50% 的結香目標，這個結果真的是猶如喜從天降，有點難以置信。對的，我們挺過了長達十年無數次的嘗試、失敗、再嘗試、再失敗的過程，我們做到了！這實實在在再次證明我們是因為相信而看見，並堅持自己所相信的目標，雖然很久，但它真的來了！

　　值得一提的是，我們所研發的酵素配方和工藝結香技術除了成功讓每一棵沉香樹的樹脂形成率高達 85%，我們把提煉出來的沉香精油送去 Gas Chromatography-Mass Spectrometry（GC-MS）檢測，得到的結果是 0 化學藥物成分，而且報告顯示沉香油的質量等級為 A+！這絕對是全所未有的創舉，值得感到驕傲。

屬於我們的沉香王國誕生了

　　風雨後的彩虹不止一次，在二〇一九年，我們再次看到沉

初 ORIGINAL INTENTION 衷

香的曙光，因此我們決定成立以科技技術的沉香企業，同時贏來了我們的另一位共同創辦人，陳征偉（Adrieent Tan）。我們DAdvance Agarwood Solutions 有限公司（簡稱"DAAS"）在二〇一九年八月八日面世，這意味著我定下了一個使命，而這個使命也是我一直以來的初心。DAAS 的目標是為了重振馬來西亞的沉香種植園，為本地的沉香種植園主提供接種方面的突破性技術，綻放沉香的價值。

好景不長，二〇二〇年的疫情是我們大家的噩夢和痛。好不容易迎來的春天，頓時就需要進入冬眠狀態。身為集團領導，我沒有資格喊累，更不能怨天尤人，更不能坐以待斃。經過與團隊的緊急會議，我們當機立斷開啟創新之路。我們創立了 [南洋沉香] 品牌，馬不停蹄開始研發企業對消費者 B2C 的沉香產品。南洋沉香秉承提供各種高品質的沉香產品，包括沉香線香、沉香精油、奇楠沉香茶、沉香修復噴霧、沉香手串等。我們希望通過南洋沉香品牌，讓更多人認識和以可負擔的價格使用沉香產品，傳承和弘揚沉香文化。

沉香歷史悠長，一直備受關注的兩大功效為香薰及中藥，隨著時代的變遷，延伸至現代用途，推出精油、護膚、身體護

124

理、香水等產品。我們希望通過[南洋沉香]這品牌，讓沉香保健功效走入尋常百姓家，讓沉香更生活化。

雖然品牌成立了，但是我們面對的問題是要如何解決銷售、包裝和發貨的問題。在新冠病毒疫情期間，馬來西亞實行了嚴格的行動管制令，我們無法隨意出門。最終，我們還是用行動去證明，有志者事竟成的原理。我們開始了直播平臺，我自己也在家裡幹起包裝和發貨的工作。我也忘了我自己包了多少包裹，雖然辛苦，但這也意味著我們的新產品受到青睞。我也負責包辦將包好的貨，拿到快遞公司發貨。

在南洋沉香產品逐漸備受矚目時，我們發現目前的沉香產品不夠普及化。因此，我與團隊立馬決定調整計劃，擬定了走進年輕時尚市場的企劃，讓公司除了推出較為大眾熟悉的線香、精油外，也在產品設計上走向年輕化，比如手串就推出男女時尚系列、根據疫情而對殺菌消毒有更高需求而自主研發創新推出的沉香修復噴霧。

我再次證明只要相信就能看見的道理。我們的南洋沉香品牌快速成長，並衍生更多的產品。作為一家注重社會責任的企

125

業，我們雇傭殘障人士，為他們提供平等的就業機會，以支援
社會公益和推動包容性發展。當消費者購買我們的產品時，也
在支援社會公益事業。

優勢在哪裡，成績單就在那邊等你

在跌跌撞撞長達十五年，我迷茫過、掙紮過、曾經有過無
數次要放棄的念頭。然而，在這個過程，我找到屬於自己的沉
澱的方式。我喜歡放著音樂，點燃沉香線香，配上奇楠沉香茶，
這個時光和空間，是讓我可以真正停下來和靜下來休息的瞬間。
人生匆匆，偶爾會回想以前的點滴。也許很多人無法瞭解我那
份執著，更無法想像我是怎麼熬過來的。心有餘悸，但是，我
還活著。

我很清楚自己的優勢在哪裡，那就是我骨子裡堅持和從不
言敗的態度，到今天持續將這些優勢放大到極致。我覺得我們
需要從內心去發現自己想要什麼，而不是太理性去想自己應該
要什麼。我不敢說現在自己多成功，我只能證明自己的堅持換
來了回報。這只是一個起步，我與我夥伴的企業從三個人到目

前的三十多個人不是偶然發生的。這都是要先相信，加上無限大的堅持和毅力，才能看見今天的成績。用心做人和做事，老天一定會給我們相對的答案。

遇到挫折並不可怕，以前的我選擇自己解決，現在的我學會聆聽別人的意見，並借用團隊的力量去解決問題。我再也不需要什麼事情都自己扛。我會讓團隊繼續學習和不停進步和持續變強。在我看來，沒有團隊的話，我自己什麼都不是，更不用想要去到多遠。

目前的小成績只是起步，未來期待成為馬來西亞沉香生態圈的領導者，專注於沉香產業的生物醫學科技研發和文化傳播。DAAS 致力於保護和傳承沉香文化，打造可持續發展的沉香產業鏈。我們希望能讓馬來西亞沉香成為世界農業的典範，成為最大的出口國，同時在促進行業的可持續發展中做出積極貢獻。我們堅持環保、可持續發展、企業社會責任、品質至上、客戶滿意的理念，不斷創新和進步，力求成為東南亞、亞洲乃至全球最值得信賴的沉香品牌。

在未來，我們立志建設全方位的沉香文化體驗區，讓遊客

127

來馬來西亞旅遊的時候，不僅可以享受大自然美好，還可以瞭解沉香的故事。我要讓更多人可以用可負擔價格享受和體驗沉香。

最初的夢想和初心

也許很多人還會質問為什麼我可以堅持沉香事業十四年之久，到底是為了什麼？其實，當時的初心很簡單，當然就是看好健康事業這個領域，而我選擇沉香這個行業來實現我這個夢想。"沉檀龍麝"四香之首的沉香，被譽為"植物中的鑽石"，其氣味芳香醇厚，令人陶醉。過去幾十年，沉香應用廣泛，市場需求龐大，雖然野生沉香木的供應不穩定及品質參差不一，成為沉香產業發展的主要阻礙。也正因為這個市場痛點和缺口，我更堅持在實現自己的夢想的同時，為沉香甚至是馬來西亞的種植業和農業出一份力。

我出這本書的目的也是很簡單，就是想要把我堅持的故事帶給更多人，同時將沉香的好處和資訊與更多人分享，啟發更多人。我曾經被騙過，也失敗過，我更應該把我當經歷和經驗

分享出來給更多人借鑑。

　　初衷對我來說是一個最堅定的目標，它不會隨著時間而改變，但是會隨著情況和時間去改變路線和方式而已，其目的地還是一樣的。未來，我相信我會帶著這個初衷將我的沉香事業創出更大的一片天打造一個足以影響馬來西亞農業、園主、生意夥伴、團隊、家人等的行業。我也會繼續在公益事業上更努力讓社會弱勢群體也可以通過我們的行業學到一門手藝，靠自己賺到錢。

　　為沉香行業提供穩定供應以及品質統一是我的另一個目標，這樣才可以有效將馬來西亞沉香帶出海外。我們相信 DAAS 的出現，不僅讓本地園主對沉香產業再次恢復信心，也將會大大扭轉了馬來西亞沉香培植產業的困境。

　　我期盼著有一天，有大部人的人不再只是聽過檀香，而沒有聽過沉香。我更希望有一天當大家想到沉香，就想到南洋沉香。我甚至期盼有朝一日當大家提到沉香培植和種植時，可以立刻想到馬來西亞，因為馬來西亞得天獨厚的地理環境，不應該只讓我們的果王榴槤孤軍作戰，沉香也是可以讓馬來西亞驕

初 ORIGINAL INTENTION 衷

傲的農作物代表。

廖建明關於初衷的十句話

01. 先相信，後看見

02. 專注是所有人都應該堅持做到的習慣

03. 當自己定下目標時，就可以吸引到對的人來到身邊

04. 不言敗、不放棄、堅持！決定了做就是了！

05. 從內心去發現自己想要什麼，而不是太理性去想自己應該要什麼

06. 成功因素永遠都是始於先相信，用心經營後看見成績

07. 初衷需要目標，我們可以更改路線和方式，但是目標是要堅定的

08. 沒有團隊，我們什麼都不是

09. 好奇心原來還真的可以創造出自己熱愛的事業

10. 堅守初衷，為了最初的夢想繼續前進

初 ORIGINAL INTENTION 衷

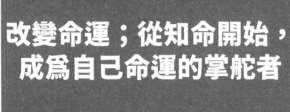

改變命運；從知命開始，
成爲自己命運的掌舵者

劉　詠　昕

✳ 關 於 劉 詠 昕 ✳

現　　　職	紫微斗數專業講師
	「用昕陪伴｜劉詠昕紫微斗數」PODCAST 主持人

專　　　長	紫微斗數論命諮詢

經　　　歷	台灣大學海洋研究所畢業
	服務業自營品牌講師

座　右　銘	「相信什麼，就會看見什麼。」

個 人 網 站	www.ziweidousu.com

聯 絡 方 式	ysziwei.angela@gmail.com

改變命運；
從知命開始，成為自己命運的掌舵者

用生命影響生命　找詠昕你安心
讓我帶你擺脫命運框架，活出豐盛人生

　　「嗨！我是詠昕，從事紫微斗數授課與諮詢論命已邁入第十七年。多年來在兩岸三地授課超過五千小時，看盤論命超過兩萬人次。堅信要先知命才能造運，讓自己成為命運的掌舵者。」這是我的 PODCAST 節目「用昕陪伴—劉詠昕紫微斗數」的片尾。

　　我曾是不相信命理玄學的理科人，因緣際會學習了紫微斗數，約十三個月之後就開始開班授課，並在二〇一二年在中國大陸踏上講台，開啟了兩岸往返授課之路。十七年來在兩岸三地開課超過五千個小時，看命盤人次也超過兩萬人次。疫情期間，我將多年研究命理的心得，以及在身心靈領域的所見所聞，錄製成 PODCAST，期盼能夠用生命影響生命，幫助收聽節目的「昕粉」知命造運，成為命運的掌舵者。

　　人究竟有沒有命定這回事，運勢是可以改變的嗎？又要怎麼改變呢？十年多來，常有人問我這些跟命理相關的問題，可能是踢館、更多是真的對生命充滿疑惑。在解答問題的同時，

我也經常回顧自己的生命歷程，許多事情看似命中註定，其實會怎麼發展，往往就在一念之間，以及轉念之後的行動。

從小就想要當老闆

小時候有一首兒歌〈太陽出來了〉，它是這麼唱的：「**公雞啼、小鳥叫，太陽出來了，太陽當空照，對我微微笑，他笑我年紀小，又笑我志氣高，年紀小、志氣高，將來做個大英豪。**」年幼的我，正如歌詞所講的，將來也想做個大英豪，說得更精確一點，我長大想要當老闆，原因是小時候家境太清苦，深刻體會生活之不易。

老家在南投鹿谷，村子裡幾乎都是三合院矮平房，小時候有次到竹山鎮上去，第一次看到三樓透天厝，那是我小小年紀時看到最高的房子了，心裡就想著：「我以後也要買這種房子！」

在高雄中山大學讀書時，看到高雄市五福路上的商業大樓，我更加不知道天高地厚啦，豪氣萬千的跟同學說：「我們以後

要在這裡買下一層樓！」吃米不知米價的我，天真的以為畢業
出社會工作以後，領到薪水，就能買下想要的一切。

　　讀書期間，媽媽就一直耳提面命，不要只顧著讀書，也要
學著自己做家事、整理屋子，我笑著回她說：「請人打掃就好
了呀！」當下心裡想著，我出社會後可以月入十萬以上，與其
自己打掃家裡，不如讓專業的阿姨來。

從學術研究之路岔向美容業

　　大學畢業後甄試上了台大海洋研究所，我來到台北讀書，
從大學到研究所，我都是辦理助學貸款唸完的，幸好都是國立
大學，學費相對較少。指導教授曾問我，以後有沒有打算走學
術路線呢？鼓勵我出國讀博士班，我心想，我英文不好，家裡
也沒錢供我出國，怎麼可能呢？

　　研究所為了做研究，經常要坐研究船出海做實驗，一出去
就是十天半個月的，課業壓力加上在海上的環境，雙重影響之
下，整張臉長滿大爛痘，讓二十出頭，正值青春年華的自己苦

惱不已。但是讀了海洋研究所，就跟海離不開關係，慢慢也與自己的臉和平共處了。

後來又聽教授說，如果要待在學術圈，以後的人生就只能一直往上爬，因為到了一定位階，沒有繼續維持的話，掉下來就會粉身碎骨。當下一番話聽得我心驚膽顫，我告訴自己：「如果人生要活到那樣高處不勝寒的地步，我還是不要上去好了。」我想像自己正在爬一座很高的階梯，大概只爬到第五階吧，為了不要摔下來，我不再往上，而是小心翼翼，一階一階往下走。

學術的路不適合我，於是在碩士班畢業後，我就進入職場，不少人問我，都讀到碩士班了，怎麼不繼續往上讀？他們為我感到可惜，我卻覺得，可以脫離的感覺，真好！開始工作後，並沒有我想像的十萬元月薪，儘管是國立大學研究所畢業，每個月也只能領三萬多元薪水，在台北租屋加上要給媽媽的孝親費，就去掉三分之二，每天省吃儉用，還要煩惱著我的一張臉。

後來，看到走學術路線的同學，為了兼顧教學與研究，忙得焦頭爛額，讓我慶幸自己沒有踏入學術研究的圈子，雖然未來要做什麼還不清楚，但初生之犢不畏虎的我，更自認為是學

霸，相信總會找到最適合自己的道路。

最適合自己的道路是哪一條，不是我最關心的，當時的我更關心的是，如何為自己換張臉。後來，認識了一位美容老師，透過她的美容專業技術，將我的一臉爛痘調理好，感動不已的我，一聽到身邊朋友對我前後改變的讚嘆，就會介紹她們到老師的工作室去保養。

介紹的人越來越多，跟老師越來越熟，有天老師突如其來一句話「**你要不要來學美容試試看？**」她告訴我：「你的氣質談吐很適合做這行，一技之長的收入也可以讓你擁有高收入。」我一聽也覺得不錯，很快就學成技術，從斜槓開始兼著做，之後開始人生第一次的轉職。

成爲專業美容講師，收入翻倍再翻倍

投入新的領域，在專業美容講師的頭銜光環下，我的工作如魚得水，每天為上門做美容課程的客人，分析她們的膚質、提供最適合的保養建議，同時也將自己的技術發揮得淋漓盡

致，好幾年過去，我的收入不只翻倍，而是翻倍再翻倍，但隨著時間一年年過去，我卻感覺自己似乎被困住了。

三十歲左右，年收入超過兩百萬，在中山北路有一間自己的美容工作室，有大量支持我的美容客戶，我將時間排得滿滿的，六日工作更是每天超過十小時以上，換來的卻是一身疲累。那時不懂得財務規劃，總是想著既然是辛苦賺來的錢，就應該痛快花在自己身上，不然那麼辛苦賺錢的意義何在呢？

尤其，再加上客人多是貴婦，來店裡時經常會展示最新流行的穿搭，從衣服到鞋子、首飾到包包，看在我眼裡簡直美不勝收，每天處在這種環境中，我怎麼可能不暈船呢？客人預約的空檔，我就會到百貨公司專櫃去搜刮戰利品，我相信錢沒有不見，只是換成了我喜歡的樣子，包包就算沒有時間帶出去參加聚會，放在工作室裡，還可以增加跟客人聊天的話題。

眞的不想爲了新台幣失去自我

過了沒幾年，我發現自己對工作產生了極大的倦怠感。日

復一日聽著貴婦們訴說她們的日常生活，向我傾倒一桶又一桶的苦水，儘管她們嘴裡對現況不滿，卻沒有打算改變的意思，同樣話題講了好幾年還在講，我好想戴上耳塞，不願再接收這些負能量，但為了業績，還是得堆起滿臉笑意傾聽。

在傾聽客人心事時，我會真誠地給她們建議，雖然她們即使當下贊同是個好意見，不見得會聽話照做，但至少我是認真的為她們想對策，提供可以得到幫助的資源，為的就是讓她們不只外在美麗，內心也能夠平靜喜悅。

倒是有一件事，我真的是感到很拉扯。那就是每年親自手寫卡片給客人，耶誕節、過年、生日是基本的，每位客人我都會個別寫出與她們相關的內容，而非一套祝辭全部套用。

在手寫卡片逐漸式微的年代，能夠在重要的日子收到一張滿懷心意的卡片，會讓人感到十分窩心，儘管那時候已經開始有智慧手機，可以傳貼圖了，我仍堅持手寫卡片給客人，尤其在講求服務品質的美容業，能夠多點貼心的服務，更能提升顧客滿意度。問題又來了，有些客人我壓根兒不喜歡，甚至希望她不要再來，我仍然在文字裡堆滿了笑意，只為了不要跟新台

幣過不去。

給了錯誤生辰，算出錯誤命盤

覺得自己快被客人倒的垃圾淹沒，我對美容業感到厭倦，也對未來產生疑惑。跟一位同學講了這件事，「不如我來幫你算算紫微斗數？」同學這麼提議，在人生覺得迷惘時，命理經常成為解釋這一切發生原因的最好途徑，我給了出生時間，聽到關於我人生的解說，卻跟事實相差十萬八千里？

「難道我一直活錯方向了嗎？」我不覺得自己沒有把人生過好，除了客人的負能量太強，有點招架不住之外，我每個月賺錢雖然辛苦，但可以讓我的物質生活過得比一般北漂族好很多。身為理工人，我不會主動接觸命理，卻也不排斥，聽很多人說算命算得很準（我那一群貴婦 VIP 也常這麼說），倒讓我興起想要了解的動機。

會不會是出生時間有問題？這麼想的時候，我人已經到戶政事務所櫃臺，申請了出生證明。答案揭曉，原來一直記錯出

生時間，難怪會算錯命。拿到正確的出生時間，我沒有再去找同學排盤，而是自己去報名紫微斗數課程。

用科學的角度來說，紫微斗數是一門融合統計學、數學、心理學、地理學及邏輯學的學問，在排出命盤爲人解說時，還需要搭配解盤者的常識與人生經驗，透過生活化的語言，讓人們可以認識自己的命，進而創造更好的運。

爲客人解盤，也看到幸福的眞諦

上了課之後，我才知道紫微斗數並不是一套迷信的理論，而是充滿邏輯思維與哲學思辯的學問，越了解就越想再深入學習。爲了好好上課，我減少了工作室的預約行程，後來也將自己所學到的知識，運用在這群支持我的貴婦身上。

有了這個斜槓命理技能，在她們開口抱怨時，我主動提議幫她們排盤，透過紫微斗數的幫助，我提供的後續建議，她們就比較聽得進去了，有不少客人也因爲認識了自己的命盤，而看到自己多年未見的盲點，願意做出改變，當心境、想法一變，

困擾她們多年的問題，也就隨風消散了。

　　透過命理的幫助，我不再像個泥菩薩，自己身心都不安了，還得承接住別人的諸多負面情緒，搞得兩敗俱傷；透過命理解開她們生命中的難題，讓我明白，除了為別人提升外在形象，我也可以改變她們的內在狀態。這些大半屬於富人階層的客人，生活中的煩惱，卻沒有比其他為生計忙碌的普羅大眾少，也讓我體會到，真正的幸福喜悅，跟擁有多少金錢無關，而是在於當下的身心是否安頓；如果身心不安、家庭不和、健康不好，擁有再多的錢財，也不會快樂與滿足。

　　許多人常會以準跟不準來評判命理師，但對我而言，命理更應該分成「安心」與「不安心」，紫微斗數是中國人的心理學，而命理老師的一兩句話，都將成為個案的心錨與心理暗示。命盤是每個人的人生劇本，吉星與凶星人皆有之，端看個人如何詮釋演出。我認為人生最高境界就是「把死路看成了活路」。

你就上台去試試看吧！

在忙碌的美容工作之餘，我不斷學習更進階的命理知識，也持續累積解盤的人數，轉眼就過了十三個月。有次，老師的團隊到北京開課，我自告奮勇並自掏腰包跟著去觀摩實習，那是整個周末三整天的課程，第一天上午的課程結束，正在吃午餐時，助理就匆忙跑來告訴我：「詠昕，下午換你上台去教課！」我差點沒把嘴裡的飯菜噴出來，從來沒有在大陸北京講過課的我，簡體字怎麼可能看得懂？怎麼可能在那麼多大陸北京人面前教課啦！

「你就去試試看吧！」這個話有點耳熟，不就是當年美容老師邀我轉戰美容業時說的話嗎？「我真的可以嗎？」「這不是在跟我開玩笑吧？」「該不會又是我轉換跑道的契機吧？」儘管心裡狐疑，下午的課程時間一到，我拿著麥克風就上台了。

跟大家打過招呼後，我第一個想法是，PPT 簡報不是我做的！這要怎麼講呢？一方面深呼吸，一方面看著簡報檔上面的文字，「幸好每個簡體字，我都看得懂。」讓自己定下心，我既來之則安之，就算不是自己做的課程簡報，只要順著邏輯講

下去，應該不會出糗吧？

老天爺保佑，我竟然沒有結巴、沒有發抖，順利的講完一下午的課。就這樣，我更加扎實篤定地開始了命理講師的斜槓，回想第一個月領到五千元的講師費，跟本業相比當然九牛一毛，但我發現，相對單純的教學工作，讓我工作的成就感與滿意度都增加了，隨著接到的課程越來越多，我也慢慢放掉了美容相關業務，成為專職的命理講師。

一台車，讓我知道自己的價值不需向誰證明

二〇一二年開始，我在兩岸三地間成了空中飛人，準備課程、上台講課、學員問答，我不需要自己處理學員繳費問題，更不用為了留住學員，親手寫卡片，人生來到了一個嶄新的境界，能夠透過教學，讓人們的生命更好，我在做的事不但是自己喜歡的，也是對社會有貢獻的，還能得到滿意的報酬，我真是太幸福了。

在大陸的課程一直講到二〇一九年，在這中間我曾經買了

一台車，爲了證明自己是有能力的，我堅持不買二手車，而是花七、八十萬買一台新車，偏偏經常在大陸的我，根本很少開到車，有一次回台時要開，才發現太久沒開，車子已經停到沒電了。

而隨著工作帶來足夠的幸福感，我也不再藉由購物來紓壓，因此那幾年下來存下了一筆錢，讓我興起想在新北買房的壯志，算一算存款與頭期款間的距離還差幾十萬，我決定將那台三年開不到一萬公里的車子賣掉，儘管車子還非常新，賣價卻不到買價的一半，爲了湊足頭期款，我還是忍痛將車子賣掉，下訂人生第一間房。

後來，我常會跟人分享這段經歷。我知道在大眾運輸便捷的雙北，不需要開車就可以四通八達，買車的理由更多是爲了證明自己做得到，但我根本用不到車，爲了證明自己做得到白白付了幾十萬的代價，事後回想一點也不值得，更何況，我根本不需要向誰證明什麼啊。

也許我們真正需要的，不是算命

疫情期間，工作重心就拉回台灣，剛好有更多時間陪伴孩子，更多時間經營家庭，增加了為客人看盤的機會，也讓我從講台上講理論的老師，成為更深入人們心裡的命理師，來找我論盤的個案，有九成是女性，這些女性最想得到的解答，有九成是感情與婚姻。

理工背景的我，數理邏輯特別強，因此在解盤時，能夠更清楚的講述客人的命盤，命盤準不準，不是命理師說了算，同時還要經由案主思考自己的生命軌跡，兩相印證，才能得到解答。

有些客人來到我的命理工作室，一開口，我就知道我已經是對方找的第 N 個算命師了，也許她的生命卡關，想從命理中得到解答，卻一直沒有遇到那個能說出她想聽的答案的算命師。也有的客人，聽我講述完命盤，就會直接問我，有沒有什麼風水佈置小物可以幫助改善命運；更有每隔一段時間就來算一次的客人，想要解決的問題一直沒有處理，因為每次聽完解析回去，都沒有付出行動……

147

　　我可以理解他們心裡的苦，但是我不會說出違心之論，而是就事論事，讓每個來找我的人能夠真正找到處理問題的行動方案。人無法脫離命中的定數，但可以透過改變思維與行動，改寫命運的走向。想要買開運小物的朋友，我轉介給有推出開運商品的同行協助，「屢算不聽」的，我就請她聽我一句話，「回去把這個習慣改變，你的命運就會扭轉。」

　　也曾遇過吃穿用度都靠老公供應的家庭主婦，擔心自己沒有事業、沒有自己的收入，萬一哪天老公不再給她生活費怎麼辦？女權高漲的年代，的確有不少人認為，女人不能靠男人養，要有經濟自主能力，我倒是認為，無論是由男方或女方提供經濟來源，只要兩個人都同意就好，與其擔心自己沒有事業，不如將家庭當成事業來經營，成為另一半生命中不可或缺的角色，就像在公司裡的重要骨幹一樣，根本不需要擔心「失業」，收入中斷。重點不應該放在擔心生活費中斷，而是怎麼將自己經營成一個配得更好待遇的人，值得令人珍惜的伴侶。

　　隨著個案數累積越多，我越發現，也許我們需要的，不見得是算命。身為一個命理師，講出這種話似乎怪怪的，其實不然，很多人接觸命理，想從中找出生命的奧秘，然而命理師的

「專業」解答，卻讓他們更迷惘了。我發現，大眾更需要的是貼近心理層面的解說，認識心理運作的機制，了解更多心理學知識，更能解釋自己怎麼會做出那些行為。

用生命影響生命，幫助大眾認識自己，以創造全新的自己

這幾年在命理之外，我也不斷進修心理相關課程，幫助我在解說命盤時，有更好的詮釋方式，而遇到鑽牛角尖、困在情緒中走不出來的人，我也更懂得同理，並且用心理學的知識引導他們走出來。就像刻在希臘德爾菲的阿波羅神廟牆壁上的那句箴言：「認識你自己。」我透過紫微斗數解盤，讓人們認識自己，再經由心理學的輔助，推動個案更能幫助個案了解自己，進而做出行動、改變自己。

後來，疫情讓整個世界按下暫停鍵，二〇二〇年八月，將近一年沒有到海外授課的我，因為好友支持推薦下，開始做起 Podcast 節目，做節目的初衷原本是要將自己在命理與身心靈上的體悟，透過每天十幾分鐘的分享，留下記錄，心裡也想著，

可以當做傳家寶，成為孩子一輩子的禮物。

　　節目開始之後，發現有很多朋友喜歡這個節目，擄獲了好多「昕粉」，堅持每天更新節目，更將內容擴及到感情、事業、人際、生活等各個面向，也訪問了各領域的職人，讓昕粉們從我這裡聽到更廣闊的世界，至今已播出超過五百集。

　　不少昕粉是先認識我的 Podcast 後，才來找我看盤，有些有困擾想要解開的粉絲私訊約時間諮詢，初步了解她們的問題後，我會建議可以先收聽某幾集的節目，「或許就可以為您提供解答，而且是免費的喔！」沒想到反而讓更多昕粉在聽過節目之後，更想跟我約論命諮詢，只為見上一面，真的讓我受寵若驚。

我的人生，是倒著走的回憶錄

　　從事命理工作十七年來，我越來越發現自己的人生是一部倒著走的回憶錄，求學時主修海洋，海洋跟著地心引力、月亮而產生潮汐變化，冥冥中有一股力量牽引著海水，就像命運牽

引著我，學習美容、走向命理。

　　有人問，如果命運是真的，人還能夠有生命的主導權嗎？我會很肯定的說，絕對有。因為有主導權，我們才能避免落入命運的窠臼、跳出輪迴的限制，也擺脫原生家庭給予的桎梏，願意花時間心力將自己內在療癒好，活出真正屬於自己的人生。

　　也正因為相信命運是真的，對於宇宙給予的安排，我學著欣然接受，盡力去嘗試與行動，從美容業到身心靈產業，我仍持續跨界，心理學，包括這一兩年大量鑽研學習房地產投資等，每天都能看到自己的成長，為生命歷程畫出精彩的軌跡。

詠昕老師關於初衷的十句話

01. 不做改變，不會有所改變。

02. 你相信什麼，就會看見什麼。

03. 生命中根本沒有對的人，除非你就是那個對的人。

04. 你欣賞誰，你就會成爲誰。

05. 拉好人際界線，別讓一片眞心，惹來一身腥。

06. 不認識自己，就不要怪命運捉弄你。

07. 謙虛是美德嗎？有可能是你的「不配得」發作。

08. 大富大貴的人，命盤不一定強，更多是從地獄爬出來而重生的。

09. 越在意的事情，就越容易事與願違。

10. 婚姻中不追求白頭偕老，反而可以變成一段佳話。

初 ORIGINAL INTENTION 衷

體會生命起落，安於平凡
更能不平凡的法拍屋狂人

鍾　宏　奇

✳ 關 於 鍾 宏 奇 ✳

現　　任　松燁有限公司負責人

專　　長　法拍屋投資

經　　歷　2006-2007 年銀行放款員（國泰世華、台新銀
行）
2007-2008 年法拍屋代標（玉成房屋、百家不動
產）
2008-2013 年房屋仲介（大安區 21 世紀房屋）
2017 年松燁有限公司負責人
2021 年成立河樹有限公司（大家房屋南港昆陽
店）
2021 年成立奇樹有限公司（室內裝潢公司）
2022 年成立恩瑞建設有限公司

**唯有堅持不懈，
才能從平凡中見識到不平凡，
再進一步的從不平凡中，
預見到生命中可能的成就非凡。**

不少剛認識我的人，會覺得我的情緒沒什麼起伏，好像看每件事情都是淡淡的，甚至有人會覺得我已經是財富自由的人生勝利組，所以才能這麼無憂無慮。其實，我不是無憂無慮，而是這十多年來攀向顛峰又跌落谷底，彷彿經歷了瀕死體驗，又再重生，這段倒地又站起來的經歷，讓我體會到，原來，願意讓生活安於平凡，才是真正的不平凡。

年輕時就體驗過重生的滋味

而我，本就出生在一個平凡的藍領家庭中，從國中開始，我就跟著爸爸去拉水電，環境的耳濡目染中，後來讀書很自然的選擇了電機系，聽到電機，未來的出路就有很清楚的輪廓，以後應該是要當個工程師了。

　　畢業後服役時，我志願加入兩棲偵察營，就是一般俗稱的海龍蛙兵，這個陸軍的特種部隊是訓練最嚴格、對體能要求最高的軍種了，加入之前就要先通過一系列的體能測試，才能取得資格。加入後，就開始每天過著只要醒著都在操體能，學技能的日子，蛙人操、萬米長跑、重訓、搏擊、擒拿、水中障礙排除、操舟，這些都是基本的訓練，只要鑑測沒過關，就直接退訓了。

　　我記得有次在訓練過程中溺水，被從水中撈起來時，我已經奄奄一息，差點就往生了。那是我第一次離死亡那麼近，大難不死，必有後福，最後我也順利完成兵役。

　　後來遇到一次重大車禍，送進醫院搶救時，被發現我失憶了，對，就是電視劇裡常見的那種劇情，我不知道我是誰我為什麼在這裡，那種真真切切「忘了我是誰」的感受，很少人有機會體驗到，所幸後來經過醫生治療，把記憶又找回來，讓我繼續體驗後來的精彩人生。

領了好幾年新鮮人薪水

初入社會時，我做過工程師、快遞，時間都不久，薪水當然也不會高，我並沒有因為所讀科系而得到高薪配股，反而在滾滾紅塵中隨波逐流。二〇〇六年進入銀行擔任放款員，月領兩萬五，算一算年薪三十萬只夠餬口而已，做了兩年之後，為了讓薪水有提高的機會，我進入房仲產業。

當房仲需要學習海量的專業知識，同時要勤勞去見客戶、帶看房子，成交之後就可以領到一般上班族薪水難以企及的佣金。滿懷希望的我開始想像以後薪水增加之後的生活，每天衣著光鮮亮麗，出入開著名車，進出高級餐廳點餐前，不需要看右邊的價格，請客戶吃飯的同時又成交一筆訂單，這種高大上的人生就在前方，等著我去享受。

成交一筆訂單可以拿到十幾萬的佣金，每個月成交一次，我就超過百萬年薪了。夢想很豐腴，現實卻十分骨感，我半年才成交一筆，一年兩單，我的年薪還是停在三十萬，別說高級餐廳了，當時我連自助餐便當都要計較十塊二十塊的差異，一心想要擺脫這種生活，卻不知道從何做起。

第一次看到法拍屋驚人的投資商機

　　二〇一一年時，聽到一位投資人分享，他用四百萬買下法拍屋，最後賣了一千一百多萬，現賺七百萬，投資報酬率超過百分之兩百，聽得我下巴都要掉下來。他告訴我，只要學習相關知識、持續關注法拍屋案件、深入研究市場變化，一定可以在這裡賺到錢。「七百萬！」我心想，以我當下的年薪計算，要賺到這麼多錢，得花二十三年三個月，那可是一筆無法想像的鉅額。

　　法拍屋要向法院買房，買的又是不點交的房子，之所以不點交，可能因為裡面還有原來的住戶或房子產權有問題，需要透過後續的訴訟程序來解決，不是一手交錢、一手交屋這麼簡單，我覺得這水太深，還是不要隨便碰的好。

　　轉念又想，為什麼他敢做我不敢做的事？想到自己當了多年業務，卻沒有存下半桶金，不敢冒險的我，只能留在不太舒適的舒適圈，如果不舒適了，還算是舒適圈嗎？「也許是該轉換心態，也轉換跑道了。」我這樣告訴自己。

初 ORIGINAL INTENTION 衷

要從一個房屋仲介，轉為房地產投資人之前，我先加強自身的專業知識，報名上了許多課。法拍屋指的是債務人無法償還債務時，債權人向法院聲請強制執行，由法院查封債務人名下房屋並且進行拍賣，將拍賣所得償還給債權人，被法拍的房屋，價格通常遠低於市價，對於投資者而言，更是一個讓資產快速翻倍的選擇。

由於法拍屋涉及的法律層面較廣，因此要投入這個市場，就必須具備足夠的知識，我花了半年學習相關法律、地政等課程，課程講義累積一大排，現在還收藏在書櫃中。

借了二十萬，買到人生的第一間房

覺得自己已經學到足夠的知識，可以開始投資法拍屋的時候，問題又來了，工作了這麼多年，我沒有存下半點積蓄，就算有多餘的一點錢，那幾個月都拿去繳上課學費，「滿腹經綸」的我，口袋卻是空空如也，就算想投資，沒有錢，什麼都不用談。

當時看到一個一百萬的物件，以我年收入三十萬來說，每

年存下五萬,也要存二十年才能存到,到底要怎麼買呢?我想,如果沒有跟人合資,就算存到錢,我也垂垂老矣,被時代拋在腦後了。於是,我將投資法拍屋的計畫告訴朋友,有的嗤之以鼻,有的笑我痴人說夢,甚至也有懷疑我加入詐騙集團的,我明明深入研究過的、這可是個合法合規的投資,「為什麼你們都看不懂呢?」心裡暗自感嘆,也只能繼續找下個朋友分享這個機會,一起來成為法拍屋投資人。

每個人看事情的面向不一樣,被拒絕很正常,他可能只是跟我想法不一樣而已,但有的人會越想越多:「他是不是對我有意見?」「我哪裡做得不好嗎?」「難道我做的這件事情是錯的嗎?」我不是這樣的人,眼前這位拒絕我,我就再去找下一位。

後來,終於找到兩個朋友願意合資,一個出了五十萬,剩餘五十萬我跟另一個朋友對分,但我最終只跟爸爸借到二十萬,幸好那個朋友願意加碼到三十萬,就這樣我們一起用一百萬買下了第一間房。

兩年內就過手七、八千萬資金買房

　　從借到資金再到投入法拍屋買賣，還沒賣出前的那段時間我內心忐忑不安，明明自己收入很少，還要舉債去投資，負債什麼時候才能還完？萬一到時候還不出來怎麼辦？會不會終究一場空，甚至搞到窮困潦倒？

　　只要起這個負面的念頭，就會有各種悲觀想法湧上來，然而，要擊碎這個想法，只能等時間去證明，時間還沒到，屋子就不會賣出去，再擔憂也是多餘，我唯一能做的，就是告訴自己不要去想。不要胡思亂想，說來容易，但對一個沒有錢的人而言，要克服這種恐懼，是非常不容易的。由於自己有過這段心路歷程，讓我在後來開說明會邀請大家來投資時，都能先理解一般人的想法，更能為他們解開心中疑慮。

　　所謂的法拍屋投資，就是將買來的房子，經過整修之後，再依市價賣出去，這中間的價差會依房子的地點或屋況而有很大的差異。我們賣掉了第一間房，依比例拿到了價差，二〇一一年時，投報率大約百分之五十，也就是說，我在那場交易中，賺了十萬！從一開始的不相信到看到第一筆賣屋收入，我

知道這不只是生意,更是個值得深入經營的事業。

第一筆投資的回收,讓我之前的疑慮一掃而空,又繼續找投資標的,以及更多願意相信我的人來投資,「動起來」的初衷是為了還清二十萬的債務,而這個初衷讓我在兩年間,經手的案件市值高達七、八千萬,在這個基礎上,募資計畫也跑得越來越快,買房、修整、賣出、分潤,這個循環流程,我已經操作得十分熟練,甚至覺得賺錢太簡單,日子已經感到無聊了。

搭上從雲端抵達地獄的高速列車

一個資深的小資族,資產突然在幾個月內增加百倍,究竟是福還是禍,我很快就會知道結果。在三十六到三十八歲間,我的人生高速起飛,雖然當時已經不是毛頭小子,卻是人生第一次來到高點,心裡調適的速度追不上資產增加的速度,讓我顯得「少年得志」。

那兩、三年間,管理了近兩億的資金,身邊如果有人跟我講道理,我是聽不進去的,反而心裡還會想:「你是什麼咖,

163

憑什麼跟我這樣講話？」當時其實也不是什麼少年了，但我因為快速得來的成功，顯得不可一世，對身旁社經地位不如自己的人，根本看不上眼，那時身邊的朋友，如果現在看到我，一定會驚訝於我的轉變，但他們沒有機會看到，因為，我很早就已經失去他們了。

從法拍屋市場賺到了大筆現金，二〇一四年，房市開始變得沒那麼熱絡，房源少了許多，資金在手，法拍案件卻少了，有錢買不到房子怎麼辦？當然就開始任性了。我將觸角伸向業外投資，無線光纖、斯里蘭卡買魚貨、跟韓國進口帝王蟹、去福建種水果，不管懂或不懂的產業，都想從中獲利。隨著投資的產業越來越多樣，野心也越來越大，最後投資了一家資本額十億的公司，最初一起投資的三個好兄弟一起放了一億多進去，沒想到公司跳票了，我一夕之間從漫步在雲端的天堂，跌入熊熊烈火焚燒的地獄。

就算把之前兩、三年的存款都賠進去了，對跳票的金額也只是杯水車薪，影響層面不只家人，還擴及到其他參與投資的朋友，一開始跟著我做投資的朋友，全都對我敬而遠之。但我的投資失敗，讓他們對我多年的信任度，一夕崩塌，我想，在

他們眼中，我大概成了像瘟神一樣的存在吧。

在最絕望的時刻，找回重生的希望

　　二〇一六年十二月，我的人生陷入了前所未見的危機中，三個一起投資法拍屋的元老，一起被跳票一億多。愁雲慘霧不只籠罩著我，也籠罩在身邊跟我有關的每個人頭上，無計可施的我，每天惶惶不可終日，難道我的人生要就此一敗塗地，再也站不起來？這樣的話，我的家人、跟我一起投資的朋友怎麼辦？難道他們也要受我的連累，生命也要就此改寫？無數個問號在心裡糾結成一團，我卻無法解決。

　　偶然遇到一個以前二十一世紀房屋的同事，兩個人聊起來，他那時剛離婚，日子過得不如意，也聊到我那幾年做的法拍投資，剛因為轉投資被倒了一億元。兩個失意人談著各自的悲慘近況，要說誰比較慘也無從比較，畢竟，我們彼此的生命天平本就處在不同的階段，我們沒有怨天尤人，反而為對方打氣，「相信一切都會雲開見日，總有東山再起的一天。」這麼聊著就聊出了希望，「我應該再給自己一個機會，讓人生可以重新

165

開機。」心裡燃起的希望，讓我相信天無絕人之路。

「接近妻離子散，甚至家破人亡的慘劇不應該發生在我身上！」我告訴自己，在哪裡跌倒，就在哪裡爬起來。當年投入法屋拍市場，我也是從零開始，憑的是那借來的二十萬，就把事業做大了，當時可以，現在為什麼不行呢？

我仔細檢討了自己的所作所為，我是有企圖心還是單純貪心？想擴大事業版圖，難道是錯的？那麼為什麼其他人可以跨領域發展得風生水起？當財富與成功來臨時，如何繼續保持初衷？為什麼我會忘記初衷？我對自己做了各種靈魂拷問，想找出問題的癥結，甚至去問了命理老師，命理老師看了我的命盤，告訴我：「你就是只適合做房地產投資的命。」大難不死、必有後福，我知道自己一定要找到最適合的那條路。

不向命低頭，也掌握住東山再起的運

聽到「你就是適合做房地產的命」時，我並沒有反駁老師，我的人生不就是因為房地產而攀上頂峰嗎？那段時間各種投資

項目的資金，都是從房地產賺來的，而除了房地產有賺錢，其他的項目其實都沒有獲利，我就是做房地產的命！

知道了自己的「命」之後，我努力翻轉當時的「運」，二〇一七年，做了兩個案子，慢慢把錢賺回來，隔年再繼續找到更多案子，一步一腳印，一年又一年下來，我不僅將被跳票的錢補回來，還創造了另一座人生新顛峰。

在開始上法拍屋課程時，曾有一堂課，有個練習沒做好，我還在恍神，老師看出了我表情裡的情緒，直接點破：「你還在為剛才的失誤而悔恨嗎？」他的意思是，失誤已經發生，發生的事既然無法挽回，不如往前看，讓之後不再出現失誤。

坦白說，這七年中，我也曾經又聽從朋友的建議，拿出一筆資金去做外匯，果然沒有意外的又賠錢了，那次事件之後，我更加確信自己的天命，除了房地產，其他的投資都不要碰，我不買股票、沒有業外的投資，只將焦點放在房地產，專注在法拍的範疇內。

初 ORIGINAL INTENTION 衷

Reset 心態，讓你跟有錢人想的一樣

　　體驗了人生起落，當生命的曙光再次升起時，我有了另一番體悟。十三年前，我邀請過不少手中掌握大筆資金的有錢人來投資，他們的錢已經多到不需要再有更多錢的境界，但他們還是熱愛賺錢，也依然持續賺錢，就像《有錢人想的和你不一樣》一書中所說的，要先愛錢，才會變有錢。

　　有錢人在投資房地產時，拿出的五百萬資金可能只佔總資產的百分之一，賺到了兩百萬，對他們來說，也只是零用錢。大家一定都聽過有錢人只是出去逛街喝個下午茶，就順便買了一棟房子的故事，這種故事的確存在，有錢人的生活就是這麼樸實無華且枯燥。有錢人不見得都是繼承家業，很多人是白手起家，靠著精準的投資眼光，讓自己成為金字塔頂端的一員。

　　有錢人的百分之一資金，普通人可能要省吃儉用存個十年二十年才拿得出來，而有錢人即使賺了兩百萬，感受就跟中了兩百元發票一樣平淡。這幾年，我突然想通，與其只找有資金的投資者來買法拍屋，不如找需要資金的人來幫助他們增加資產，我要幫助廣大的上班族、小資族，重設心態，找到成為有

錢人的財富密碼。

與其錦上添花，不如雪中送碳

　　找需要資金的人來增加資產？聽起來似乎怪怪的，其實不然，當年我就是一個需要資金的人，由於太想賺錢，我才用借款的方式投資，一般來說，是不應該用這種方式來操作的，但我卻因為勇於冒險挑戰，而拿下改變人生的主導權，我相信，有很多人也跟我一樣，想在朝九晚五的工作之外，找到開啟新生的那把鑰匙。

　　誰需要資金呢？當然就是廣大的上班族、小資族，在日復一日的上班下班中，夢想也許就被生活磨淡了，初入職場時，想要大展長才，卻只能接受社會的碾壓，最終成為一個安於小康的普通人，我曾經是這樣的人，而現在，我希望能夠幫助無數像我這樣的人，開啟通往新人生的入口。

　　這樣做無疑是給自己找麻煩，畢竟將焦點設定普羅大眾，要他們拿出錢來投資，難度絕對是很大的。就像一只要價上百

萬的一線名牌包要排隊才買得到，一個三千元的包，即使做了行銷打了廣告還不見得賣得回本，向金字塔頂端籌募資金是輕而易舉，更能幫助我快速拓展法拍業務，但在走出跳票陰霾的過程中，我想通了一件事，與其錦上添花，不如雪中送炭。

一個努力存了十萬元資金的小資族，透過投資，能夠在半年後讓資金變成十三萬或一年後變成十五萬，看起來不多，但是換算投資報酬率是非常高的，與其等老闆加薪，不如透過學習為自己加薪。

用專業累積出信任，幫助相信你的人

以往，曾有不少投資者來找我時，會問：「Ricky，你的事務所在哪？我怎麼找不到啊？」我的事務所在巷子底的一樓，沒有貼滿小海報的櫥窗，沒有特別裝潢過的華麗大廳，客人來也沒也沙發可以坐。如果想要更快募到資金，就要快速建立起認同感，建立認同感最快的方式，就是把門面裝點好，讓人一眼就相信你是有錢的，激起他們有為者亦若是，想成為像你這樣的人的渴望。

　　我更應該每天西裝筆挺，踩著擦得黑亮的皮鞋迎賓，讓來拜訪的每個人一眼就看出這個人很有錢。但我不想這麼做，事務所一樓放的是會議桌椅跟白板，來到這裡的人，不是有資金就可以投資，得先上課，從基本功夫學起，學好了，才能拿到投資的門票。我不用門面去吸引人，而是用實力讓願意相信我的人，可以一起在這個領域有所成就，

　　目前公司裡的業務有十個左右，我知道我自己就可以帶著投資者打天下，但我更想教會這些跟我有同樣志向的夥伴，透過投資實現夢想。想起二十歲那年，爸爸曾告訴我：「以後公司有能力時，員工超過二十人，就要請一個殘障人士。」即使只是一家小水電行，爸爸都想到要善盡社會責任，協助需要幫助的人。

　　我也希望自己能夠在小有成就時，從以前的獨善其身，進展到兼善天下，與其不斷追求自己的成功，帶著更多人一起成功，兩者的成就感是天差地別的。我期待能夠有更多小資族加入我們的行列，先了解點交、裝潢、銷售成本分析等實務流程，不一定要立刻投資，而是學中做、做中學，將法拍屋投資當成第二個專業來學習。

171

初 ORIGINAL INTENTION 衷

是平凡的投資人，也是非凡的資源整合者

以我現在的位置，走偏一度，都會付出重大代價，如果我現在資金一百萬，走偏一度，損失是一萬，當你擁有一億資金，走偏一度，就損失一百萬，萬一走偏的不是一度，而是三十度呢？失敗的經驗，讓我更珍惜眼前的成功。

現在的我，隨時覺察自己，專注在本業，每日檢視自我狀態，持續調整並且優化。簡單的事情重複做，對於法拍屋以外的項目不再輕易動心，一生懸命，只做好法拍屋這件事，我相信滴水可以穿石，只要一步一腳印，不忘記初衷，就能活出精彩。

在面對重大事件時，有人會倒地不起，就此一蹶不振，我是屬於那種面臨巨大的磨難險阻時，反而會激發出龐大潛力的人。洛克斐勒曾說：「即使現在上天把我所有的錢都拿走，把我放在沙漠裡，只要讓我遇到一隻駱駝商隊，幾年以後，我一樣可以成為億萬富翁。」讀到這句話時，我心有戚戚焉，這不就是我的個人寫照嗎？

　　你曾跌倒過嗎？我跌過的那一跤價值超過一億元，在哪裡跌倒，我就在哪裡站起來。現在，我要從自己站起來的立足點上，帶著大家一起邁向美好的未來。我將自己定位成資源的整合者，要帶著如同無根之草的小資族們，在法拍屋行業中生根茁長，開枝散葉，幫助他們為自己的人生開出繁花。我常鼓勵大家：「現在的位置不重要，重要的是你設定的終點在哪裡？」

　　這一路走來，就像在耕田，只要持續不斷的翻土、澆水、施肥，最終一定可以得到豐盛的收穫。二〇二二年，我經手了兩億五千萬的案子，參與投資的人數也超越當年的高峰，我兢兢業業、如履薄冰，不讓自己有判斷失誤的機會，沒有慧根，也要會跟，法拍屋水很深，但你不需要擔心，前面的那些問題，由我來解決，讓我帶著你抵達成功的終點。

初 ORIGINAL INTENTION 衷

鍾宏奇關於初衷的十句話

01. 現在的位置不重要，重要的是你設定的終點在哪裡？

02. 事件的後面會有禮物，要拿到禮物就要解決事件帶來的問題。

03. 最初所擁有的，只有夢想以及毫無根據的自信，但一切都從這裡出發。

04. 生於憂患，死於安樂。

05. 當你願意冒險並願意付出代價時，人生就有機會翻轉。

06. 心中種下的信念種子，必須每天好好灌溉，才會長成你要的果實。

07. 老天爺會給你各種考驗，試探你是否真的想要達成目標。

08. 人經歷過重大事件後，發現可以平淡是很幸福的事。

09. 不是因為很有錢才能買房；而是就算沒有錢，都想要讓結果發生的決心。

10. 一個人的力量有限，團隊合作才能創造無限。

初 ORIGINAL INTENTION 衷

莫忘初衷，用房地產
推動改變的房產造夢者

鍾志偉
（Memphes Chong）

✳ 關 於 鍾 志 偉 ✳

現　　任　文廷集團 KTC GROUP 首席運營官兼首席專案官

經　　歷　1998-2011：環保推廣公司創辦人

2009-2017：接管家族事業（承包工程公司）擔任首席專案官

2014- 現在：在一站式主題創建開發商文廷集團擔任首席運營官兼首席專案官，負責房產開發、地皮投資、項目管理、規劃諮詢、市場行銷、政府機關對接、相關生態圈投資及整合以及產業管理。

專 業 資 格　專業風險管理文憑（專案管理專業學院）

專業專案管理文憑（專案管理專業學院）

國際養老產業研究院結業生（中國惠之孝（北京）國際養老產業研究院）

專業市場行銷文憑（檳城國際學院）

座 右 銘　**定下初衷和目標，專注於追求自己的初衷，創造屬於自己的成功之路。**

房地產生態賦能，延續社區生命力

我叫鍾志偉，一名生於一九七八年馬來西亞檳城的大山腳人，生長在一個小康之家，排行第二。我的故事充滿了奮鬥、決心和毅力。我擁有風險管理專業文憑、專案管理專業文憑，以及國際養老產業研究院的結業生資格。我曾在環保領域創立了一家公司，同時還擔任著家族承包工程公司的首席專案官，積累了豐富的經驗。如今，我擔任文廷集團（KTC GROUP）的首席運營官兼首席專案官，負責房地產開發、地皮投資、政府機關對接、生態圈投資等多個領域。我的企業被譽為一站式主題創建開發商，致力於創造更美好的生活。

家的力量

儘管我的家境不富裕，但是我自小與家庭成員關係和睦。家庭是我一直堅持不懈的動力之源。我的父母一直以來都是我堅實的後盾，他們的支持和教導伴隨著我前行的每一步。我的家庭觀念很深，對家裡人包括我自己組建的家庭所有人的感情深厚，經常與家人共度美好時光，成為了我生活中最珍貴的

記憶。

　　我的父親是一個隨和的人，他總是四海為家，經常外出工作，小時候每個月我們只能見上一次。雖然無法提早知道父親會在什麼時候回來，每當醒來開眼睛後，看到父親已經回家了，我總是興奮不已。當他回來時，我會跟隨父親去喝早茶、逛街、一起玩樂。但當我們入睡後，父親又會離開回去工作崗位。我的母親則扮演著家庭的管理者，身兼父職，擔任了嚴屬的角色，無微不至的照料我們的起居飲食。儘管我的學業一直表現出色，但她曾經因我兩次差強人意的成績而動手懲罰我。我覺得她把希望都寄望在我的身上，我也希望可以成為家裡的驕傲。

　　母親的教育方式在我的成長中產生了積極的影響。在她身上，我除了學會主動分擔家務，還培養了我禮貌、細心和樂於助人的習慣，這一品質在我日後的生活中成為了我的優勢。

突來的家中生變問題，促使我一夜成長

　　我只在澳洲雪梨新南威爾士大學上了一個月大學。在大學

179

初 ORIGINAL INTENTION 衷

時期的某個晚上，當我打長途電話回家時，突然聽到了一陣突如其來玻璃碎裂的巨響，在還沒來得及反應之下，我的內心湧上一股不祥之感。母親卻在這個時候匆匆掛斷了電話，當時的我很無助彷徨，不知道當下應該怎麼辦。我也瞭解遠水救不了近火，即使擔心也無能為力。我只能趕緊撥打附近鄰居的家裡電話，向他詢問到底我家裡是發生了什麼事。鄰居告訴我，有一群人上門追債並動粗，而附近的居民其實很早就都已經知道了這個"家醜"事件。

那個時候，我的第一個想法就是要嘛繼續半工讀地完成大學學業，要嘛就回家看看家裡的情況再決定。最後，我決定先放棄學業，以家中的長子身份回到馬來西亞，也在瞭解家裡情況後留下來肩負起這些債務的責任。慶幸的是，回到家後，我接連找到三份工作。然而，每一份工作我都未能維持超過三個月。也許我有心魔，我有點不甘心和不想就這樣虛度自己的光陰和前程。雖然我打工時期都很短，但是在這些過程和經歷卻帶給我很多新的知識和想法。同時，這段時間也讓我更明確自己的內心渴望，我漸漸開始憧憬創業的道路，於是邁出了勇敢的第一步。

一切都是最好的安排，家裡的債務暫時告一個段落了，我們終於可以喘一下氣。父親的承包工程生意也逐漸起色。我知道是時候放手一搏了。

開啟了創業旅程，迎接新的人生

通過舅舅的人脈，我有幸結識了丹斯里黃家定先生，在我們雙方達成共識後，我開始了一門環保推廣（Recycle Publicity）教育事業，這第一桶金也奠定了我在建築領域的基礎。我也非常幸運的在這個事業上有我太太的陪伴及支持。我們一步一腳印經營著環保推廣教育事業。

在這個期間，一直在學業上表現出色的弟弟卻在面對申請理想大學時未能如願以償獲得想要的國立大學，最後被迫選擇了到馬來西亞國際醫藥大學 IMU 就讀。家裡無法負擔這筆高昂的學費，二十二歲的我主動承擔了弟弟的所有學費和生活費。對於一個初出茅廬的我來說，這的確是一個很吃力和沉重的負擔。現在回想起來，我相信我還是會堅決做出同樣的決定。

初 ORIGINAL INTENTION 衷

在從事環保推廣教育事業的同時，我接管了家族生意。兩年後我全力以赴投入到這個家族生意，成為了一名傳統的建築工匠。然而，父親並沒有正式傳授我如何在這個領域立足，我必須靠自己摸索，我面臨了巨大的挑戰和無形的壓力。雖然倍感壓力和無助，我靠意志力拒絕與煙酒扯上關係。我嘗試著學習父親傳統的建築方法，但很快就發現，這一行業需要更多的技能和經驗。我不得不學會應對社交場合和應酬，以便更好地拓展業務。最終，我更學會了如何放低姿態，虛心求教，以及如何克服無所畏懼。

有一次，在喝酒後，我到了工地，登上鷹架，險些摔倒，結果導致了鷹架的坍塌。這一意外讓所有人措手不及，因為在那個年代，如果在政府專案的工地上發生任何事故，都需要展開調查，直到找到問題的根源才能恢復工作。這導致了工地一個月的停工，工程完全停滯。我受到了許多人的輕視，他們認為我作為我經驗豐富父親的兒子竟然做出了如此低級的錯誤，甚至認為我辜負了父親留下的基業。我面臨著很大的壓力，但我明白只有兩種選擇，要麼離開這個行業，要麼好好幹。

挫折與成長

　　創業路上，每個人都會遇到挫折和失敗。我曾經面臨許多困難，但我從中汲取了寶貴的經驗教訓。在踏入社會後可能年少輕狂吧，我一度沉迷喝酒，雖然沒有到酗酒那麼嚴重，但是在當時的建築事業上幾乎就是有邀必應。

　　其實那一次在工地的酒後事故，讓我陷入了尷尬和批評之中，那些謾罵聲至今依然刺耳但中聽。我慶幸當時的我並沒有退縮，而是選擇繼續前行。也因為這事故我才堅決戒酒，原來所謂的壞習慣都可以被改變，只要我們足夠想要。我認為，每一次挫敗都是上天給我多一次學習的機會，即使結果不如人意，但絕對是人生履歷中一筆非常寶貴的經驗財富。感恩我也從這些挫折中再次站起來，靠著毅力和堅持依然在這個行業上立足。

　　建築領域充滿了挑戰，但我充滿了求知欲望和勇氣。我不斷學習、不斷成長、不畏懼勇往直前，逐漸在這個過程中更明確了自己的職業方向。漸漸地，在這個行業裡，我發現了自己的潛力，也逐漸建立了自己的人際關係網。我相信人際關係是雙向的，不要一味的"拿"，而是要先"給"，我們就吸引到

初 ORIGINAL INTENTION 衷

我們想要的東西。

太太是從一開始就相伴我左右的人。無論是當時的環保推廣教育事業逐漸擴展到發展項目，她都一直伴我隨行。我很感恩無論是在我挫敗或是邁向成功的路上，她始終相伴，從不言累，並把我們的家庭照顧得很好。

從家庭小生意到成爲開發商

在二〇一四年，我做了人生中另外一個最大的決定，我決定轉型做房屋開發商，因此我創立了文廷集團，專注於一站式主題開發項目。在過去幾年，我帶領集團多方面發展，包括納入涵蓋整體生活理念的各種企業，以滿足對長期可持續優質生活、日益增長的需求，而不僅僅是建造和交付項目。

我的人生旅程始於環保推廣公司的創立，到之後接管家族生意再到轉型，這些經歷奠定了我對事業的熱愛，精益求精，再創高峰。其實，從家族生意轉型到開發商的確是一個很艱難的決定。這兩行業有著不同模式和做法，而這個轉型是我人

生中一個很重要的轉捩點。家庭生意與個人生意的模式差異很大，前者需要更多的時間和精力，後者則需要更多的對接資源、跟不同的人或者團體交代。無論是建築行業到開發商，這兩個行業都是重資產行業，需要一定的能力和專業才能守住擂臺，畢竟受到經濟萎靡的影響，建築業將會首當其衝，受到牽連甚至倒閉。

最近我對一句話很有感覺，那就是"不努力做好和做出自己事業的價值，那自己的孩子就會去別人的企業為他人賣命，那麼我努力了一輩子到底是為了什麼，反正都無法傳承"。我希望我有能力讓孩子自願留在我們的集團，而為了這個目標，我需要更加努力去達到這個目標。

感恩騙過我的貴人們

在這個看似順風順水的創業路上，卻發生了影響我們事業以及刷新我們對信任的看法。某一天，當我的太太在我住宅區的公園內認識到某位鄰居，談到我是從事開發商。這位鄰居就跟我們討論了之後的合作方向。一切就緒後，他們在沒有出任

初 ORIGINAL INTENTION 衷

何資金的情況下坐等收成，並在某些發展項目完成售賣後也沒有將我們的部分分給我們。最後，談判破裂，為了及時止損，我們只能將剩餘的單位購買過來。

最糟糕的是，我們發現這個發展項目有很多漏洞，一些需要向政府部門申請的准證也沒有辦到，甚至也沒有向銀行申請建築貸款。這一系列的操作讓我們恍然大悟，他們是看準我們來進行欺騙的。

我需要很快的去調整過來，對我來說，錢沒有了可以再賺，但自己不可以亂，亂了就無法做出適合的決定。這件事情的確是我人生的一個汙點，也是因為自己沒有認真做功課。騙過我的人其實也是我的貴人，這些人對我產生的影響無論是好還是壞，我都欣然接受。我也深信，無論是我們去協助別人或者來找我們幫忙的都是有原因的。

我對生活的初衷

在我的生活中，家庭扮演著至關重要的角色。儘管我忙於

事業，我依然非常注重家庭。我會善用我的時間，並會在早上親自載送孩子上學，與他們在車上分享生活中的點滴，這是屬於我們的親子交流的寶貴時刻，同時建立親密的關係。我會用孩子喜歡的方式讓他們主動與我分享他們的內心想法。我有四名孩子，其中一位是"老來得子"，與長女相差了十七歲。無論怎樣忙，我都會在週末抽出時間陪家人，和他們一起去逛街、購物、吃飯和看電影，分享著彼此的喜悅。

家人是我的動力，為了自己和我愛的家人們，雖然現在需要更加辛苦和花費更多時間在拼事業當中，但是我覺得是值得的，我們會看到我們預想的結果。

我也瞭解每個人都有自己的事情忙，因此時間觀念對大家都很重要，我一般上都不改變已定的計畫，以尊重他人的時間。我很明白時間寶貴的重要性。

初衷的智慧

我覺得每一個人都有屬於自己的人生智慧。我堅持學習、

初 ORIGINAL INTENTION 衷

積極挑戰自己、影響他人以及珍惜每次機會。我相信，即使面對挫折，也要保持自信，我將人生比喻像玩遊戲一樣，不斷提升自己，不停闖關，在必要時買上裝備，繼續達到和完成更高的關卡。

我們需要保持開放心態，不計較，我們會發現捨就是得，吃虧就是賺到。在生活中追求更多的同時，保持最初的初衷真的很重要。

在我的人生旅程中，決定自己需要什麼真的很重要。如果一個人舉棋不定，影響的不只是自己，更包括身邊的人。當我們定下目標，保持初衷，與我們有共同理念的人會幫我們完成這些目標。

未來的藍圖

展望未來，我制定了明確的目標和規劃。首先，我計畫在未來的半年內搬家，因為家庭人口增多，需要更大的空間。在未來的一年內，我計畫啟動第二個企業專案，並開始培養接班

人。我還有一個夢想，就是帶著父母親到中國自駕遊一個月，也帶著生意夥伴們衝出馬來西亞市場。在未來的三年內，我計畫可以準時交付第一期的房地產給購房者。最終目標是，在未來的五年內，學府區項目能夠爆滿。目標雖然看似簡單，但必須要認真執行才可以達標。

我的目標充滿了野心，對未來渴望，我相信這股力量也是對自己和企業的承諾。

初心不改，奮鬥不止

在這本書中，我分享了自己在房地產行業的心得和經驗，特別是從承包商轉型為開發商的過程。我認為，房地產行業雖然充滿挑戰，但也是一個能夠創造無限價值的領域。通過不懈的努力和奮鬥，我成功地打造了自己的生態圈，創造長期價值，為未來的發展鋪平了道路。

我想藉著我的故事告訴大家，只要堅守初心，努力拼搏，就能夠克服生活中的一切困難和挫折。我希望我的經歷能夠激

初 ORIGINAL INTENTION 衷

勵更多人追隨自己的夢想，創造屬於自己的輝煌人生。初心不
改，奮鬥不止，未來將更加美好。因為我堅信，每個人都有機
會創造自己的輝煌，只要不停前行，初心永在。

　　在面對挫折和失敗時，我始終堅信，這些挫折和失敗實際
上是一種學習，是對我們不擅長的領域的提醒。因此，每次遇
到挫敗，我都將其視為一次寶貴的經驗，即使結果並不如意。

　　我的成功之路充滿了勇氣、堅持和學習。我的初衷驅使我
前行，家庭的力量支持著我，而對未來的渴望激勵著我不斷前
進。

鍾志偉關於初衷的十句話

01. 不要經常握緊雙拳，學會如何放開雙拳。那雙拳才能有空間接納更多的人、事和物

02. 學習是無價的，最重要的是要願意去學、願意去問

03. 學習都是經商不可或缺的過程

04. 只要堅持不懈，不斷精進，絕對能實現自己的夢想

05. 挫折和失敗是學習和成長的機會

06. 我們要積極看待挫折

07. 要明白今天的虧損的原因如同小錢，不然未來可能是十倍百倍的代價

08. 努力讓自己的事業板塊更具吸引力，讓自己的下一代不必去其他人的事業板塊

09. 當遇到任何挫折或失敗，往好的方面看，其實這些挫敗或失敗往往都是一些我們不會和不擅長的東西。因此，從過程中學習

10. 學習是用錢都買不到的經驗，即使是一個壞的結果

初 ORIGINAL INTENTION 衷

我的麻辣人生：從四川小姑娘到麻辣滷味女王

蘭妍欣（麻辣丫頭）

關於蘭妍欣（麻辣丫頭）

現　　　職　榮榮麻辣滷味創辦人

中小企業世福會輔導會長

中小企業茶花會第三屆會長

桃園市新住民女性關懷協會常務理事

全球中山總會理事

全球華人企業慈善選美皇后

2014 年國際藝術文化大使

2019 年新住民學習楷模

新住民勵志講師

主持兼歌手

曾受 TVBS、民視、中天、三立、東森、香港鳳
凰衛視等，多家媒體報導專訪

個 人 網 站　https://www.rongrong.com.tw/index.html

聯 絡 方 式　nancy701108@gmail.com

　　桃園的春雨下得綿密，寒意打在皮膚之上，與灼傷的疼痛不相上下。

　　榮榮麻辣滷味坐落在平鎮區裡，雨絲墜落，明亮的燈火和麻辣的香嗆氣息格外明顯，讓受寒的路人，格外想要透過嗆辣的味覺，為身體補上暖意。店主蘭妍欣，也就是當地大家熟悉的蘭姐，在這個時節格外忙碌，店裡的員工收碗，而她看見員工們手忙腳亂時，她依然親自下場，端上一碗又一碗熱騰騰的麻辣燙。

　　第一次遇到蘭姐，她給人的印象總是忙碌，衣服沾染著麻辣燙的氣息，有時客似雲來，蘭姐一忙起來總是蓬頭垢面，再俏麗的裝扮也會被忙碌折損得異常襤褸。台灣人鮮少能吃辣，但榮榮麻辣滷味卻創下了北部神話，讓蘭姐帶來了不少上電視的機會，她在王牌主持人面前將榮榮麻辣滷味的特色做最好的介紹，透過電視與網路的傳播，許多台灣人都因此認識了榮榮，因此蘭姐和榮榮麻辣滷味也走上了麻辣界的高峰。

　　"我記得，每一次的採訪，我總是上一秒穿著工作服戴著手套在廚房忙碌，下一秒就換好衣服、梳好頭髮在鏡頭前接受專訪，我每一秒都抓得很緊，工作就得要有工作的樣子，而採訪的時候，我也希望能夠呈現最好的樣子。"

　　"年少有夢，我也曾像電視主持人一樣，在鏡頭面前、在

舞台上帶動全場氣氛，預告著接下來的精彩節目，有時候我被主持人介紹，接下來我會帶來什麼演出，然而多年後我則誤打誤撞走上了創業這條路，但我相信，我是用另一種形式在完成這件事——我用榮榮麻辣滷味，主持著我的人生舞台。"

從外配到一名成功的企業家之養成

　　能見到蘭姐不是一件容易的事。採訪的那個周末，正值寒流來襲，桃園的人們都在找一家能夠暖和他們五臟廟的美食，而榮榮麻辣滷味正是他們的不二選擇。當天榮榮充斥著人潮，連角落寥寥無幾的雙人座也被坐滿。蘭姐一身黑色的制服，廚房櫃檯來回兩頭忙，接近打烊的時候才得空和我們說上幾句話。她喘口氣，叫服務員給她遞上一杯白開水，用嘴唇沾了幾口，就緩緩把杯子放下，此時她終於可以暫時放下繁忙的身軀，在擁擠的分秒裡閒下一刻來談談風花雪月和往事。

　　從中國內地到台灣，隔著一片海峽，從海的另一端遠嫁到桃園，蘭姐經歷的是，必須習慣兩個截然不同的世界帶給她的衝擊。蘭姐從九歲至二十一歲都在涼山彝族自治州甘洛縣長大，經歷人生中最重要從少年期到青春期再到成年期的十三年，養

初 ORIGINAL INTENTION 衷

成了大山民族的古樸淳厚，熱情豪爽，極重情義的個性特質，所以她和我們聊天的時候，總是侃侃而談，有話直說，根本沒有絲毫遮掩，與台灣人相比，後者確實顯得相對委婉。

在中國大陸的時候，蘭姐除了是一名歌手和主持人之外，蘭姐曾創業開了一家服裝批發，涉略了男鞋品牌 ODM 和 OEM，在當時積累了不少創業的經驗，當然更可貴的，是那段無法忘懷的情感交涉。冥冥之中她遇到了一名台灣男子，當時情投意合遠嫁來台，但幸福的背後暗藏著許多隱患，蘭姐擔心必須放下過去打拼的事業，同時也擔憂接下來人生將會一輩子相夫教子，這種體驗對任何創業女性來說，是一種難以想象及突破的桎梏。

當大家把麻辣燙、麻辣鴨血、麻辣滷味吃得津津有味的時候，在蘭姐的眼裡，可能他們只嘗到十分之一的美味，剩下的九成，實則是無數日積月累的血淚和甘苦，而這廝滋味，也只有蘭姐自己嚐得出來。

"你們知道外配嫁來台灣是一件不容易的事情嗎？"

"尤其是就職的部分，我嘗了不少人情冷暖，這些經驗教會了我，如果要經濟獨立，就必須創業。嫁來台灣，這就意味著我必須從媽媽的經驗中了解，不能當個沒有經濟自主能力的家庭主婦。"

桌上的水還沒喝完，但隱隱約約可以感覺到蘭姐的不忿，幽微的怒火幾乎將杯子裡的水煮到沸騰，言語中不難聽出其中的委屈，而這些委屈，對一個事業女性來說，更像老天突然砸下來的大石，成為她生命裡突如其來的阻礙。

根據台灣法律，外配來到台灣，一開始是不能進入有提供勞健保的公司工作的，至少要在兩年後才能夠"合法上班"。蘭姐二〇〇四年從中國移局到台灣，從事業女強人過度到家庭主婦，身份的轉換讓她花了不少時間去適應。

"來台隔年生了孩子後，我決定將孩子托給保母照顧，去找工作。"

"但別無選擇，根據法律，我開始只能找那些能夠領現金的便當店、火鍋店。在中國，我創業打拼我能看見事業成果，而一時之間來台必須回到基層工作，似乎沒辦法壓抑著我那股創業的野心。"

"在台灣，一些店家為了省錢，他們找了很多外配員工，因為不需要交勞健保。而我們這群異地來的外配，只求能夠外出上班，與社會接軌，可以盡快融入台灣這片土地與社會。剛開始做基層工作時不能適應，也因為如此，我在這段時間學習了第一線服務客人的經歷，讓我在幾年後，開了榮榮麻辣滷味時，面對客服工作時，不會像一張白紙那樣任人揉搓。"

初 ORIGINAL INTENTION 衷

在榮榮麻辣滷味，蘭姐能夠在任何時候，不管是前台還是廚房游刃有餘，大至算帳小至洗碗，蘭姐都不會計較工作的比重，全賴基層工作給她的養分。除了客服經驗，她也有一段非常難熬的歷史過往，造就了她非常堅毅的個性。

"接觸了客服工作以後，我也去了電子工廠應徵，在這個地方也讓我遇到了人生最重大的挫折。在中國創業的時候，都是靠著動腦筋工作，而在電子工廠生產線的流水工作，我入職了幾個月都不能適應。"

"或許我是不能待在舒適圈的人，從打卡上班到下班，做的每個動作都一樣，明明不難的工作，怎麼做老是做不好，因此一直被領班針對。這份工作非常枯燥，也沒有什麼能夠刺激我思維的養分，所以在這裡我也待不久。"

"那個時候我心理不斷質疑自己，其他人都可做得這麼好，我為什麼不行呢？人家一個沒學歷的外勞都可以做，為什麼我做不好呢？"

話語至此，桌上的水也喝完了，天色也越來越暗，臨近店鋪的燈火也逐漸暗了下來。這時候蘭姐走到冰櫃拿了幾罐台啤，一打開就咕嚕下肚，繼續訴說她過往回憶，一一配合酒水將這個夜晚寫成獨樹一幟的個人史。入夜的桃園格外別緻，和四川的夜晚，有著些許落差，但在台灣的每個夜晚，蘭姐總是想起

初來台灣時，那些不愉快的經歷將她打磨成一本有血有肉的故事集。

　　酒水三兩杯下肚，蘭姐想起當初她在台灣沒有別的工作經驗，儘管以往在中國曾在公司當到副總，如此種種都是某種當年勇，當然她也感到自己有種虎落平陽被犬欺的不得志。

　　"外勞都可以做得那麼好，我就偏偏不認輸，狠下心在生產線上更用心的學習，不為什麼，只為了讓領班刮目相看！"

　　"秘訣是什麼？我字典裡的四個字——"不恥下問"，只要不懂的事情，我會打破砂鍋問到底。同事們也都很樂意跟我分享秘訣，就這樣，又再過了兩、三個月，我終於成為數一數二的操作員，成為產線上的工作楷模。"

莫名其妙又短暫的大陸投資創業經驗

　　"你們相信命嗎？我是相信的，我就是那種創業命！"

　　蘭姐在工廠做了三年後，累計了些許存款，同時也跟領班周轉了幾萬塊，下決心到貴州遵義去投資酒吧。

　　"當時我就不甘心。"

　　蘭姐一邊品味著啤酒的甘苦，一邊暢所欲言的表露她激昂

初 ORIGINAL INTENTION 衷

的情緒，仿佛向世界宣告著，她就是一個不甘平凡的女人。
只是創業這條路遍地荊棘，再不甘平凡，也有現實的障礙必須
面對。

　　"我不甘心就這樣一輩子在工廠裡成為流水線裡的一顆小
螺絲，於是，當一位好姊妹告訴我貴州投資酒吧的事情，我狠
心下來，不想錯過這個好機會。"在壓抑的工作待久了，蘭姐
衝動的抱著五十萬人民幣過去，在人生地不熟的遵義，三個月
就灰頭土臉的撤資回來了。

　　"本以為回去了中國內地投資，會開始新的生活，但現實
和事實是一拳重擊，叫我過去投資的姊妹並沒有認真要創業，
還惹上了黑道隨時有生命危險，這完全和我預想的創業不一
樣。那時候要繼續留下，還是回台灣，對我來說都是兩難。"

　　如果要用大海行舟來譬喻蘭姐的人生其實是不為過的，熬
過再大的風浪，船隻也會順利抵達目的地；而蘭姐遭遇到的苦
難，也挺過來了，哪怕是在年輕時經營服裝生意，她見過風浪
也不曾被打垮，而這一次回去遵義投資失敗的經驗，倒讓她賺
到一籮筐的人生經驗。

從零學起，一個麻辣燙神話的開始

榮榮麻辣滷味的店面規模二十坪不到，但食材和口味卻是桃園嗜辣老饕們最愛的選擇。蘭姐能夠把榮榮帶到高峰，出乎大家意料之外。大多來往甚密的熟客們都知道，其實蘭姐在經營榮榮之前，是十指不沾陽春水的，更何況是下廚呢？

打開榮榮麻辣滷味的網頁，裡頭寫著他們家的麻辣滷味是源自於中國內地的正宗四川味，一切皆因蘭姐用心去研磨，用心去探索，才有底氣和底蘊，如此對外介紹榮榮。

眾人喝了一點酒，開始嘴饞，蘭姐就準備了一些麻辣燙招待我們。看著紅彤彤的麻辣燙湯頭，不禁讓人好奇，這段神話到底是如何開始？蘭姐用筷子夾著麻辣燙的肉片，告訴我們，這碗麻辣燙裡的肉片若是她的血淚，而裡頭的湯頭，則是她當時一時的義氣。

"從遵義回來以後，我身上還有些許存款，那時剛好一個姊妹想要頂讓她的榮榮麻辣滷味店，我就用五十萬台幣買下她的配方，頂下這家店。"

"當時很多朋友都告訴我不值得，配方哪裡值得五十萬？而且店面也沒什麼值錢的生財工具，加上又經營不善，怎麼你敢承接下來呢？"

初 ORIGINAL INTENTION 衷

　　蘭姐回溯她在大陸開酒吧時的過往，門外總有些攤子在賣這些小食，好吃又便宜，最適合用來下酒，因此客人很常跟他們買，而攤販即使只是靠店裡的客人，就能創造很好的營業額。

　　"我覺得在台灣有賣麻辣燙、滷味這個產品的發展潛力。而且這家店位於中壢的鬧區，有了人口紅利，加上川味麻辣燙在市場上少見，我對它非常有信心。"

　　對一個外配來說，味蕾的鄉愁是難以釋懷的心事。幾乎每一天在台灣的日子，蘭姐都會想起故鄉四川的家鄉味，而姊妹的配方也讓她想起了媽媽的味道。

　　"我從小嬌生慣養，父母把我這個獨生女寵溺得非常嘴刁，我對美食的鑑賞能力高超，但要我自己做出像樣的美食，有非常大的難度。"

　　"說到最後，我還是仗義頂下了滷味店。主要還是我對姊妹有信心，加上我很堅持一切都要自己來，反正有姊妹，製造流程她也親自帶我走過一遍了，我有自信自己可以做得好。"

　　酒過三巡，蘭姐依然招待著大家榮榮的拿手小菜。蘭姐不斷往返廚房和前廳，一碟碟小菜招待是沒有停過的，當她把小菜置放在我們眼前，她手指上不難看見深深淺淺的傷疤。她知道凝視的眼神在傷疤上駐留，就侃侃而談那段創業的辛酸往事。

　　"接手榮榮的第四天，我就把手剁傷了，緊急送到醫院縫

了五針。"

"其實還有更糟的，被剁傷也就算了，手傷好得差不多的兩個星期後，我去買免洗碗筷的途中遇到了車禍，把我的腿給撞斷了。"

這一連串的遭遇，仿似激發了她的鬥志。縱使她打了石膏，她還是堅持回到店裡工作。

"命也只有一條，大難不死，就必須好好活著。那個時候我開始發願，我要讓四川麻辣的好滋味，在台灣飄香。"

正宗四川麻辣滷味，在台灣

蘭姐坦誠，如果沒有廚藝背景的人，接手一家餐廳來經營，就像是挑戰沒有盡頭的越野賽跑。經歷無數次夙夜匪懈的打量和策劃，要如何讓榮榮打響名號，想破了她的頭腦。

桌上圍成一圈的小菜，麻辣鴨頭、麻辣鴨翅、麻辣蓮藕片都是非常地道的四川菜。蘭姐用筷子指點著這些小菜，爾後在空中揮動，好像在描繪一個創業關鍵字——"正宗"。

"雖然我沒有廚藝背景，但我從小培養起的味覺與嗅覺是我最好的幫手，比起其他人，我應該更有底氣喊出"正宗"二

初 ORIGINAL INTENTION 衷

字。"

　　"我可是地道的四川重慶的川妹子，在這裡應該沒人比我更了解吧？"

　　榮榮店裡長期洋溢著的麻辣香，這些味道正是從四川採購的辣椒、花椒，都是實實在在的原道地川味。蘭姐不惜重本投資在食材上，除了在四川採購的香料，她也在配方中再加上四十多種漢方中藥材，配方不差分毫。

　　"每一次我將食材在鍋中熬煮幾個小時後，散發的濃濃花椒與藥材香氣，光是聞到那味道，我都會感動到流淚，因為這就是我記憶中的四川味。這股味道，讓我想起了我的老家。"

　　話語至此，蘭姐的眼角開始泛淚，不曉得是鄉愁的使然，抑或想起她一路走來，並不是如此平坦順遂。

　　榮榮開業至今，蘭姐依然對品質十分堅持，鴨頭、鴨肉的去毛剝皮，或者蓮藕的去皮、切片，都不假手他人。

爲了確保食材新鮮，毅然學開車

　　過往和今日相比，今日蘭姐算是比較開適，至少還能夠和我們把酒聊上幾句。在初接下榮榮的時候，和時間賽跑就是蘭

姐的日常。

　　剛接下榮榮的時候，蘭姐為了配合晚下班的工業區客人，營業時間也延長到半夜，每天工作十八個小時是常態，可說是一位"拼命三娘"。經營一家餐飲業，要管理餐廳，除了前台和算帳，親自挑選食材也是蘭姐非常重視的事情。

　　眼前的麻辣滷味，夾入口中便能吃出比其他川味餐廳的更帶勁，到底蘭姐是如何在食材上費勁了心思？

　　"要做出到味的麻辣滷味，食材非常關鍵。剛開始的時候，我和中盤商叫貨，貨運司機每天會把食材送到店門口。後來，我發現中盤商送貨來雖然較方便，成本也能降低，但食材的新鮮度跟著打了折扣，滷出來的成品，口感跟香氣都跟想像中有落差。"

　　"為了挑到更好的食材，我做了一件許多人都意想不到的事情。"

　　"我報名駕訓班學開車，拿到駕照的第一天，就把車開上高速公路。"

　　眾人聽到這裡瞠目結舌，也紛紛把筷子放下，盯著蘭姐那張自豪的神情。

　　"大家是否意想不到？"蘭姐拿起酒杯，豪氣的敬了大家，接著說："我為了事業，能夠把自己推到自己也意想不到的極

致。"

　　"經營一段時間之後，為了更提升專業，我也報名了職訓局的廚師培訓，課程是每天上午八點到下午四點，剛好跟開店時間錯開。為了準時上課，我常常晚上在店裡忙到三更半夜後，就把車開到職訓局附近，睡一覺起床就可以上課，直到通過認證。"

　　蘭姐的身軀嬌小，但心裡頭住著一個巨人，無時無刻都在堅韌的應對生活和事業上帶來的考驗。所有成功的企業家，背後肯定有一個軍師，教會企業家們如何佈局佈陣，應對競爭激烈的市場。雖說創業的路途崎嶇，蘭姐也在征途上，遇到了生命中很重要的一位貴人、一位軍師——劉敏玲。

　　"我很感恩她的出現，她不只是一位天賦諮詢師，教導我如何善用人的八大屬性，將每一項能力發揮得淋漓盡致，讓我打造一個璀璨的人生。"

　　"今天的榮榮能夠有這樣的成就，也是她透過進貨報表、銷售記錄等數據分析我的事業狀況，給了我很好的經營建議。今天能夠成功，除了是我自己的堅持之外，劉敏玲老師絕對功不可沒。"

　　來台數年後，蘭姐經歷了離婚，讓她悟出了一個道理："合則來，不合則去"。

談及離婚，蘭姐在席上並沒有透露出神傷，反而展現了一副豁達的神采。

"我不需要再為感情傷腦筋，反而我有了更多的時間與空間去思考怎麼優化事業的未來。"

經營多年以來，蘭姐堅持著原始的川味配方，再依照市場的回饋微調，做出讓更多消費者喜愛的麻辣滷味。隨著生意越做越好，不只台灣，甚至連大陸的平面、電視媒體都來採訪報導。他們對蘭姐的背景十分好奇，更想了解她用十坪小店一天做出十萬營業額的秘訣。

事業爬上了巔峰，頻頻亮相在各大媒體，蘭姐並沒有忘記初衷，甚至想像個小女孩般，對著海的另一端呼喊：媽，我上電視啦！

或許這是為人子女帶給父母的一份禮物，更實在的是，她今天的成就，能夠讓遠在他鄉的父母能夠更加安心。

緊握信仰，走向成功

夜已深，蘭姐仍然想要繼續把自己的故事說完。

"你有信仰嗎？"蘭姐叩問著大家。

"抓緊了信仰，在創業的路上，就像是打了一支強心針。"

"我以前在教會裡，了解了以前讀過但不甚了解的《聖經》內容，但我相信一切都會是最好的安排，而神也會幫我安排最好的事情，可能冥冥中的力量，鼓舞我不斷勇往直前。"

榮榮雖然發展得如火如荼，她依然加入各種社團去持續向成功的人學習，以及拓展優秀的人脈，像是堅持參加 BNI 早餐會。多年來如一日，每週都有一天，蘭姐都會清晨七點準時出現在聚會場，從不缺席。

"其實我發現在台灣的外配，過得挺不容易，我在很多時候會用不同的形式鼓勵她們活出自我。"

蘭姐積極參與公益活動回饋社會，也想讓新住民姊妹能從她身上，看到自己的未來。她經常鼓勵她們："堅持努力，你也可以活得亮麗！"

在二〇一八年，她獲得了"第二屆中華全球華人企業慈善皇后"的殊榮，同年獲桃園市政府授與新住民學習楷模，隔年五月份，"桃園市新移民關懷協會"頒給了她"協會之光"的榮耀。

"這些頭銜對我來說，並不是讓我擁有驕傲的資本，更像是在提醒我，要在勇往直前的路上，不忘提攜他人，牽著其他人的手通往幸福之路，尤其是那些和我一樣的新住民姐妹，我

好想牽著她們的手，一同走向高峰。"

推廣品牌加盟，複製平凡人的成功

疫情過境，改寫了全世界的經濟生態。

蘭姐並沒有停下腳步，也在這幾年間買了車與房，除了自己的成功，她更在意其他新住民姊妹的成功。曾經，蘭姐是個站在舞台上主持、跳舞、唱歌多才多藝的小公主，經歷無數次的戲劇性遭遇，一度沒有機會上台。這幾年她又有機會上台主持唱歌，不但娛樂觀眾，也滿足了自己的表演欲。尤其主持義賣活動時，更讓她覺得，自己是個有價值的人。

"我不甘於平凡，我也希望為他人創造非凡。"

蘭姐為榮榮設計了加盟制度、將產品製程規格化，讓想要改變的人，也能透過她建置完整的食譜與營業方式，取得人生的輝煌。未來，她還計畫將商業模式推廣到馬來西亞、越南等地，讓榮榮成為國際化品牌，讓海內外有志創業的姊妹弟兄可以透過她架構好的品牌與產品，得到讓人生改變的契機。

聊了一個晚上，也吃了不少榮榮的招牌菜。然而已下肚的麻辣滷味，不再是簡單的滷味，經過消化以後，更是讓人體會

初 ORIGINAL INTENTION 衷

到新住民渡海打拼的艱苦，還有蘭姐那份想要讓新住民姊妹，一同邁向成功的心願。

　　榮榮打烊後，蘭姐目送我們離開，空氣裡蘊藏的寒意未減，眼前也飄落著微微雨絲，但心是溫暖的。

蘭妍欣（麻辣丫頭）關於初衷的十句話

01. 事事我曾抗爭，成敗不必在我。

02. 有志者，事竟成，破釜沉舟，百二秦關終屬楚；有心人，天不負，臥薪嘗膽，三千越甲可吞吳。

03. 只有干出來的精彩，沒有等出來的輝煌。

04. 一事精緻，足以動人。

05. 路雖遙行則將至，事雖難做則必成。

06. 自信是生活中最有效的良藥。

07. 人生沒有白走的路，每一步都算數。

08. 若要如何，全憑自己。

09. 最幸福的事：有事做、有人愛、有所期待。

10. 睡前原諒一切，醒來就是重生。

初 ORIGINAL INTENTION 衷

ONE BOOK TEN LIFE 10

初衷 ORIGINAL INTENTION
——用故事點亮生命，用生命照亮世界的十道光芒

作　　　者／台灣阿龍（陳建良）、李杰穎、陳秀靈（Jodie Tan）、拿督潘艷
虹（Datuk Ada Poon）、篠安、廖建明（David Liew）、劉詠昕、
鍾志偉（Memphes Chong）、蘭妍欣
主編暨出版經紀／卓天仁
美術編輯／拾夢設計工作室
國際經紀／一頁（ONE Yè）
企畫選書人／賈俊國

總 編 輯／賈俊國
副總編輯／蘇士尹
編　　輯／黃欣
行銷企畫／張莉滎、蕭羽猜、溫于閎

發 行 人／何飛鵬
法律顧問／元禾法律事務所王子文律師
出　　版／布克文化出版事業部
　　　　　115 台北市南港區昆陽街 16 號 4 樓
　　　　　電話：(02)2500-7008　傳真：(02)2500-7579
　　　　　Email：sbooker.service@cite.com.tw
發　　行／英屬蓋曼群島商家庭傳媒股份有限公司城邦分公司
　　　　　115 台北市南港區昆陽街 16 號 5 樓
　　　　　書虫客服務專線：(02)2500-7718；2500-7719
　　　　　24 小時傳真專線：(02)2500-1990；2500-1991
　　　　　劃撥帳號：19863813；戶名：書虫股份有限公司
　　　　　讀者服務信箱：service@readingclub.com.tw
香港發行所／城邦（香港）出版集團有限公司
　　　　　香港九龍土瓜灣土瓜灣道 86 號順聯工業大廈 6 樓 A 室
　　　　　電話：+852-2508-6231　　傳真：+852-2578-9337
　　　　　Email：hkcite@biznetvigator.com
馬新發行所／城邦（馬新）出版集團 Cité (M) Sdn. Bhd.
　　　　　41, Jalan Radin Anum, Bandar Baru Sri Petaling,
　　　　　57000 Kuala Lumpur, Malaysia
　　　　　電話：+603- 9056-3833　　傳真：+603- 9057-6622
　　　　　Email：services@cite.my
印刷／中華印刷
初版／2024 年 6 月
定價／380 元
ISBN ／ 978-626-7431-74-0
EISBN ／ 978-626-7431-72-6（EPUB）

城邦讀書花園　布克文化
www.cite.com.tw　WWW.SBOOKER.COM.TW